PROBLEMAS DA DEFECTOLOGIA

VOLUME I

Lev Semionovitch Vigotski

PROBLEMAS DA DEFECTOLOGIA

VOLUME I

Organização, edição, tradução e revisão técnica de
Zoia Prestes e Elizabeth Tunes

1ª edição
EXPRESSÃO POPULAR
São Paulo - 2021

Copyright © 2021 by Editora Expressão Popular

Tradução, edição, organização e revisão técnica:
Zoia Prestes e Elizabeth Tunes
Revisão: Ana Lucia Mendes Antonio, Cecília Luedemann,
Janine de Fátima Mundim e Eric Alberto Lima de Oliveira
Projeto gráfico e diagramação: Zapdesign
Imagens da capa: Anna Cecília Prestes Costa

Dados Internacionais de Catalogação-na-Publicação (CIP)

V691p

Vigotski, Lev Semionovitch, 1898-1934
　　Problemas de defectologia v.1 / Lev Semionovitch Vigotski; organização, edição, tradução e revisão técnica de Zoia Prestes e Elizabeth Tunes.-- 1.ed.-- São Paulo : Expressão Popular, 2021.
　　239 p. : tbs.

ISBN 978-65-5891-025-1

1. Teoria Histórico-Cultural. 2. Formação de Professores. 3. Psicologia da educação. 4. Educação Inclusiva. II. Título.

CDU 371.13

Catalogação na Publicação: Eliane M. S. Jovanovich CRB 9/1250

Todos os direitos reservados.
Nenhuma parte desse livro pode ser utilizada
ou reproduzida sem a autorização da editora.

1ª edição: julho de 2021
1ª reimpressão: setembro de 2022

EDITORA EXPRESSÃO POPULAR
Rua Abolição, 197 – Bela Vista
CEP 01319-010 – São Paulo – SP
Tel: (11) 3112-0941 / 3105-9500
livraria@expressaopopular.com.br
www.expressaopopular.com.br
🛈 ed.expressaopopular
◉ editoraexpressaopopular

SUMÁRIO

Prefácio 9
Maria Aparecida Moysés e Biancha Angelucci

A Defectologia de Lev Semionovitch Vigotski,
fio condutor da teoria histórico-cultural 17
Elizabeth Tunes e Zoia Prestes

Princípios da educação de crianças fisicamente defectivas 27

Defeito e supercompensação..51

Acerca da questão da dinâmica do caráter infantil...........87

Desenvolvimento da criança difícil e seu estudo 111

A infância difícil..123

Problemas fundamentais da defectologia contemporânea..................145

O coletivo como fator de desenvolvimento da criança anômala 197

Referências bibliográficas...237

*Para Tiago, Maria, Leila,
Eduardo e Ariel,
nossos netos que já chegaram
e para os que virão.*

PREFÁCIO

Maria Aparecida Moysés[1] e Biancha Angelucci[2]

Para nós, que vivemos em um espaço-tempo altamente patologizado em todas as facetas da vida, as concepções de Vigotski sobre ser humano, deficiência, educação, construção social da própria vida e tudo que lhe é subjacente constituem um porto seguro no qual podemos atracar, respirar e recuperar forças para continuar a defesa de vidas despatologizadas.

Já de início, nos alerta que "a educação e o ensino de crianças cegas e deficientes devem ser formulados como um problema de educação social; psicológica e pedagogicamente, trata-se de um problema de educação social",[3] firmando posição contra as concepções dominantes em várias regiões do mundo em sua época e ainda

---
[1] Médica, pediatra, professora titular de Pediatria na Faculdade de Ciências Médicas da Unicamp. Militante do *Despatologiza* – Movimento pela despatologização da vida. E-mail: mariaaparecidamoyses@gmail.com.
[2] Psicóloga, professora doutora da Faculdade de Educação da Universidade de São Paulo na área de Educação Especial. Coordenadora da linha de pesquisa "Táticas de enfrentamento à produção de um não lugar para as diferenças na escola". Ativista dos direitos das pessoas com deficiência e do *Despatologiza* – Movimento pela despatologização da vida. E-mail: b.angelucci@usp.br.
[3] Ver capítulo "Princípios da educação de crianças fisicamente defectivas" deste livro, na p. 27.

hoje – sobre deficiência e normalidade, sobre o que designava por educação de crianças defectivas e crianças normais. Aliás, devemos ressaltar que já em seu tempo os processos de patologização/medicalização estavam infiltrados no campo educacional, em especial na educação de crianças com deficiência; um bom indicador é a quantidade de neurologistas, psiquiatras e psicólogos considerados na época como especialistas em educação. Outro indicador, talvez ainda mais relevante, é o uso corrente da expressão "pedagogia terapêutica" para denominar uma concepção bastante criticada por Vigotski, que desloca a função da educação para a normalização de aspectos individuais considerados indesejáveis.

Engana-se quem pensa que este é um livro sobre deficiência; é um livro sobre desenvolvimento humano. Desenvolvimento, aqui tomado, na acepção vigotskiana, de que não há indivíduo sem sociedade, não há intrapsíquico sem interpsíquico, tampouco há orgânico sem simbólico.

Estes textos sobre defectologia são coerentes com outros escritos de Vigotski mais conhecidos no Brasil, nos quais as diferenças – que nos caracterizam como humanos – são reconhecidas e valorizadas, enquanto as desigualdades – que deformam nossa humanização – são criticadas e combatidas. Impossível não identificar o valor que ele reconhece nas diferenças e sua crítica radical às desigualdades em suas reflexões sobre a educação de crianças normais *versus* educação de crianças defectivas. Valorizar a diversidade humana e combater as desigualdades socialmente construídas significa minar as bases da medicalização e da patologização da vida.

Cem anos depois de sua elaboração, catorze anos depois da Convenção sobre os direitos das pessoas com deficiência,[4] expe-

---

[4] A convenção aqui citada é tratado internacional da Organização das Nações Unidas, tendo sido assinada e recepcionada no Brasil com caráter de emenda constitucional por meio do Decreto n. 6.469, de 25 de agosto de 2009. Dispo-

rimentamos o vigor desses escritos que incomodam e rompem com a formação e as práticas hegemônicas relativas às infâncias, especialmente às crianças com deficiência.

Sem romantizações e idealizações abstratas, mas, ao contrário, explicitando dificuldades impostas pelos obstáculos que constroem a deficiência, encontramos uma emocionante defesa de sua despatologização. Em síntese, podemos afirmar que em terrenos vigostskianos não florescem processos patologizantes.

Indubitavelmente, os *Problemas da Defectologia* possibilitam uma reviravolta no campo da deficiência, pois fazem pensar que a potência das pessoas que vivem essa condição está naquilo que mais socialmente desacreditamos: sua capacidade simbólica, o desenvolvimento de suas funções psicológicas superiores. E é justamente nesse sentido que está a grande contribuição da defectologia para os estudos sobre desenvolvimento, em geral: conhecer e apoiar os processos de constituição das funções psicológicas superiores em crianças defectivas – para usar a expressão indicada nesta preciosa tradução – permite-nos ampliar as possibilidades de desenvolvimento de todas as crianças. Aqui, a afirmação que comumente encontramos na defesa de processos inclusivos ganha maior profundidade: a presença de pessoas com deficiência nos espaços sociais compartilhados é vantajosa para elas e para todos. Ora, a convivência na pluralidade é condição fundamental ao desenvolvimento de pessoas com deficiência, sem dúvida, posto que é a participação na cultura que cria esse espaço-tempo inter a partir do qual nos constituímos subjetivamente. Ocorre que há um índice ainda mais radical nos estudos aqui apresentados: concebendo as condições de deficiência como expressões da variabilidade humana e compreendendo que tais

---

nível em: http://www.planalto.gov.br/ccivil_03/_ato2007-2010/2009/decreto/d6949.htm. Acesso em: 15 jan. 2021.

condições implicam constituições não ordinárias das funções psicológicas superiores, a defectologia é caminho, não apenas ao estudo de tais especificidades, mas ao estudo intencional e sistemático dos tantos caminhos possíveis para a constituição das funções psicológicas superiores em todo e qualquer sujeito humano. Dito de outra forma, a defectologia explicita-nos a pequenez das formas de desenvolvimento ordinário e nos convoca a transformar espaços sociais distintos – entre eles, a escola – para que as interações entre sujeitos e dos sujeitos com a cultura sejam qualitativamente transformadas, de modo que a produção simbólica inter e intrapsicológica de todo o conjunto humano possa se beneficiar do que aprendemos ao estudarmos os caminhos trilhados pelas pessoas com deficiência.

Assim, trata-se de estudar as barreiras sociais que estão em operação quando são impedidas de conviver e partilhar o patrimônio – e o *status* de humano – pessoas que se orientam espacialmente por outros meios que não a visão, que se comunicam por outros meios que não o par audição-fala, que não constituem laço social ou pensamento complexo de maneira hegemônica. Temos, então, a proposição do pensador soviético de que defeito e deficiência não sejam tomados nem como sinônimos, muito menos como expressão de uma relação causa e efeito. "Por si mesmo, o defeito nada diz sobre o desenvolvimento como um todo. A criança com algum defeito ainda não é uma criança deficiente."[5] A deficiência se constitui quando não são reconhecidos e apoiados os estímulos compensatórios, o que se dá quando não tomamos a pessoa com deficiência como sujeito partícipe da cultura. E aqui se nos apresenta outro tema fundamental anunciado há quase um século pelo autor e tão

---

[5] Ver capítulo "Acerca da questão da dinâmica do caráter infantil" deste livro, na p. 87.

fortemente presente nas discussões contemporâneas relativas ao modelo social da deficiência:[6] o impedimento da vida de uma pessoa com deficiência se produz socialmente, não organicamente; afinal, a existência de anomalias orgânicas só faz impelir à elaboração de outros caminhos de desenvolvimento. Irônico pensarmos que, por muito tempo, as pessoas com deficiência – sejam sensoriais, motoras, intelectuais ou mentais – têm sido tomadas com frequência por incapazes de produzir pensamento complexo, quando o que ocorre é que nossa cultura hegemônica precariza as possibilidades de humanização, afirmando que há apenas uma forma de elaborar simbolicamente informações advindas de fenômenos sonoros e visuais, odores, movimentos, intensidades e afetos; que há uma só forma de se comunicar, de constituir pensamento complexo, de estabelecer laço com os outros.

Apreender os processos de desenvolvimento de pessoas com deficiência – quando não são obstaculizados por barreiras impostas pela sociedade – pode nos ajudar a apreender os processos de desenvolvimento de pessoas sem deficiência, nos ensina Vigotski. Do mesmo modo, nos ensina que despatologizar a deficiência pode nos ajudar a despatologizar a assim chamada normalidade. Despatologizar a educação de crianças com deficiências nos ajuda a despatologizar a educação de todas as crianças.

Essas ideias podem parecer um tanto ingênuas, sabemos bem; porém, consideremos que despatologizar a defectividade exige um giro para outra concepção de humanidade e de mundo e, assim, também a normalidade poderá ser entendida de

---

[6] Sugerimos ler a entrevista de Colin Barnes em: DINIZ, D. Deficiência e políticas sociais – entrevista com Colin Barnes. *SER Social*, Brasília, v. 15, n. 32, p. 237-251, jan./jun. 2013. Disponível em: http://periodicos.unb.br/index.php/SER_Social/article/download/13043/11398. Acesso em: 20 nov. 2020.

outra maneira. Na mesma lógica, construir outra concepção de educação para pessoas com deficiência exige constituir novos conhecimentos e saberes sobre aprendizagem e desenvolvimento, constituindo novos modos de ensinar-aprender para qualquer pessoa, deficiente ou não. Em síntese, se a concepção medicalizante alicerça e está alicerçada em um modo de compreender humanos e mundo, uma concepção despatologizante alicerçará e estará alicerçada em outro modo de compreender humanos e mundo. Não se trata de tarefa simples ou fácil, mas de um enorme desafio que Vigotski se coloca e projeta para nós, comprometidos com o acesso universal à educação de qualidade, laica e socialmente referenciada.

Impossível deixar de mencionar que tais estudos provêm de um pensador envolvido com a elaboração de uma teoria psicológica que pudesse não só compreender o sujeito humano universal, mas sobretudo comprometer-se com a transformação das condições sociais em que nos constituímos humanos(as), de modo a realizarmos as aspirações por um mundo mais justo.

Cem anos não bastaram para que pudéssemos acompanhar as propostas de Vigotski sobre o que pode, afinal, nos humanizar mais e mais. A estética vigotskiana é fascinante e diligente: há beleza em seu compromisso ético com a compreensão profunda das crianças todas; há beleza em seu pensamento diligente que busca a todo o tempo perceber formas de colaboração mútua, interdependência e convivência; há beleza em sua radicalidade, que percebe variabilidade naquilo que costumeiramente se designa (ainda hoje) por patologia. Torna-se fácil esquecermos que se trata de um texto do início do século XX e passarmos a fazer mais e mais exigências a esse incrível pensador: "Por que não valorizar mais a língua de sinais? Por que insiste em usar expressões como 'defeito', 'defectividade'?". É necessário mantermos respeito integral ao genial trabalho realizado por ele. Daí, o convite para que perguntas assim possam ser alvo de verdadeira reflexão, o que implica fazer pensar o próprio pensamento, abdicar de pretensões narcisistas de querer encontrar no texto o que já (achamos que) sabemos. Convidamos para um encontro com Vigotski, seus experimentos, seu tempo, seu desejo de futuro, seu compromisso com outra sociedade. E esta é uma oportunidade inigualável, posto que temos, pela primeira vez em língua portuguesa, a versão traduzida diretamente do russo de uma parte de seus *Problemas da Defectologia* elaborada pelas tradutoras de maneira consistente, rigorosa e intensa.

Janeiro de 2021.

A DEFECTOLOGIA DE LEV SEMIONOVITCH VIGOTSKI, FIO CONDUTOR DA TEORIA HISTÓRICO-CULTURAL

Elizabeth Tunes e Zoia Prestes[1]

Em novembro de 2010, estávamos em Moscou (Rússia) para participar das XI *Leituras Internacionais L. S. Vigotski*, organizadas anualmente com o intuito de reunir pesquisadores e estudiosos da teoria histórico-cultural do mundo inteiro. Fomos convidadas pela professora e amiga Elena Kravtsova (filha de Guita Vigodskaia; portanto, neta de L. S. Vigotski) para almoçarmos em sua casa. O convite foi inesperado e nos deixou muito felizes: teríamos a possibilidade de conversar com mais tranquilidade sobre o projeto da edição das *Obras Completas* de L. S. Vigotski, que, naquele ano, estava tomando formas mais concretas.

Após um belíssimo e delicioso almoço em que saboreamos com enorme prazer um *borsch*,[2] preparado especialmente para nós pela própria Elena, sentamo-nos em círculo para conversarmos sobre o tema que nos interessava: a publicação das *Obras Completas* de L. S. Vigotski e de sua tradução no Brasil.

---

[1] Professoras da Universidade de Brasília (UnB) e da Universidade Federal Fluminense (UFF), respectivamente.
[2] Sopa de origem ucraniana, muito comum na culinária russa. Seu principal ingrediente é a beterraba.

Logo no início, comunicamos que pretendíamos traduzir para o português os textos dele sobre a Defectologia por serem de grande interesse para estudiosos e pesquisadores brasileiros, e havia traduções apenas em espanhol e inglês dos textos que constam do quinto tomo das *Obras Reunidas*.

Naquele ano, já tínhamos conhecimento de que o que fora publicado nesse quinto volume das *Sobranie Sotchineni* [*Obras Reunidas*], em 1983, sob o título *Osnovi Defektologuii* [*Fundamentos da Defectologia*], com tiragem de 30 mil exemplares, sofrera muita interferência da parte dos organizadores, existindo outro volume, intitulado *Problemi Defektologuii* [*Problemas da Defectologia*], organizado por Tamara Mirrailovna Lifanova e publicado em 1995, com tiragem de 5 mil exemplares.[3] Revelamos à Elena que não havíamos conseguido ter acesso ao volume organizado por Lifanova e indagamos qual dos dois volumes era o mais fidedigno em relação aos originais dos escritos de Vigotski. Elena disse que o livro sistematizado por Lifanova continha praticamente todos os textos e/ou fragmentos de textos, palestras e livros que tratavam da *Defectologia* escritos pelo avô, totalizando 36 textos, entre os quais alguns que são partes de outras obras, por exemplo, fragmentos de *Voobrajenie i tvortchestvo v detskom vozraste* [*Imaginação e criação na infância*], além do Prefácio ao livro de E. K. Gratchiova.

---

[3] Tamara Mirrailovna Lifanova é professora da Universidade Estatal de Pedagogia de Moscou e doutora em Educação. Investiga a vida e a obra de L. S. Vigotski e sua contribuição para o desenvolvimento da defectologia. Fez pesquisas em inúmeros arquivos e bibliotecas e encontrou mais de 100 trabalhos de Vigotski que eram desconhecidos até então. Muitos deles figuram nos tomos das *Obras Reunidas* (1982-1984). Lifanova é autora da mais completa bibliografia da obra de Vigotski, publicada na Rússia e no exterior. É coautora com Guita Lvovna Vigodskaia (filha de Vigotski) da obra biográfica *Vigotski. Jizn. Deiatelnost. Chtrirri k portretu* [*Vigotski. Vida. Atividade. Traços para um retrato*]. M.: Smisl, 1996. Desenvolve trabalho científico relacionado à prática escolar no campo da Geografia.

Alguns instantes depois, ainda na casa de nossa anfitriã, segurávamos em nossas mãos o precioso volume organizado, apresentado e prefaciado por Lifanova. Ao folheá-lo, percebemos que estávamos diante de um trabalho magnífico e perguntamos se poderíamos tirar uma cópia para trazê-la ao Brasil. Qual não foi nossa surpresa quando, muito emocionada, Elena disse que ele havia sido separado por Guita para nosso grupo brasileiro, um pouco antes de sua morte, em junho de 2010: "Era um desejo de minha mãe entregar este volume a vocês. Estou cumprindo um pedido dela". Foi um momento de muita emoção e lágrimas em nossos olhos... De certa forma, Guita se fazia presente, naquele instante.

Ao chegarmos ao Brasil, com entusiasmo, demos início ao trabalho de tradução. No longo tempo decorrido desde que recebemos das mãos de Elena o livro organizado por Lifanova, estávamos empenhadas em apresentar ao leitor brasileiro a tradução dos textos em um único volume. No entanto, alguns projetos, também importantes, nos desviaram dessa tarefa.[4] Tendo já traduzido e revisado sete textos, tomamos a decisão de publicá-los em um pequeno volume. Essa solução nos pareceu bastante interessante por tornar acessíveis aos leitores de língua portuguesa, de imediato, alguns textos, pelo menos. De outro modo, eles teriam que aguardar até que ficasse pronta toda a tradução do volume. Além disso, sendo cada pequeno conjunto de textos publicado separadamente, o leitor poderá escolher os volumes que contenham o que mais lhe interessa. Assim, pretendemos publicar a coletânea completa de *Problemas da*

---

[4] Nesse período, traduzimos, organizamos e publicamos o livro *Sete aulas de L. S. Vigotski sobre os Fundamentos da Pedologia* (pela Editora E-Papers) e preparamos e publicamos uma nova edição do livro *Imaginação e criação na infância* (pela Editora Expressão Popular).

Defectologia (1995) em alguns volumes com, aproximadamente, seis ou sete textos cada um.

Entendemos ser importante destacar para o leitor que, ao comparar as duas edições russas, identificam-se alguns trechos com redação ligeiramente diferente e alguns trechos omitidos na edição de 1983. Há, ainda, outras diferenças que são apontadas no quadro apresentado a seguir.

A apresentação dos textos no volume organizado por Lifanova está em ordem cronológica de sua produção. Na presente tradução, seguimos o mesmo critério. Demos prioridade, neste volume, à tradução de escritos que consideramos importantes para quem está iniciando os estudos nos campos da Pedagogia, da Psicologia e da Educação Especial.

Sabe-se que os estudos relacionados à *defectologia* ocupam um lugar de destaque na obra de L. S. Vigotski (Vigotski, 1983; Vigotski, 1995). Seu interesse pelos estudos do desenvolvimento da criança normal e anormal esteve presente desde o início de sua atividade no campo da educação, em Gomel (Bielorrússia), para onde regressou depois de se formar em direito, filosofia e história, em Moscou. Vigotski preocupava-se em desvendar a essência interna da patologia, desde a "gênese dos defeitos primários ao surgimento, no processo de desenvolvimento, de sintomas secundários e terciários e, levando em conta as ligações e relações interfuncionais que se formam, chegar ao entendimento das peculiaridades estruturais da totalidade da personalidade da criança anormal" (Vigotski, 1983, p. 333).

As palavras e expressões *defectologia, criança defectiva*, entre outras, soam, muitas vezes, estranhas ao falante de língua portuguesa. Todavia, na União Soviética e até os dias de hoje, na Rússia, essas são maneiras usuais de se referir às crianças com deficiência e à área de estudo de sua educação e de seu desenvolvimento cultural. Segundo a professora Irina Pereliguina, da Universidade Russa de Humanidades (2020, comunicação pessoal), existem faculdades específicas para formação de profissionais defectólogos que trabalham em instituições especializadas voltadas para a educação e o desenvolvimento cultural de crianças defectivas. Desde a época de Vigotski e até os dias de hoje, na Rússia e em alguns países que compunham a União Soviética, a formação profissional do defectólogo é bastante sólida e o habilita ao trabalho pedológico para a educação de crianças com os mais diversos tipos de defectividade. O defectólogo pode, durante sua formação, especializar-se nos mais diversos tipos de defectividade.

Volume	VIGOTSKI, L. S. *Sobranie sotchneni*. Tom piati. Osnovi Defektologuii. Moskva: Pedagoguika, 1983 (VIGOTSKI, L. S. *Obras Reunidas*. Tomo quinto. Fundamentos da Defectologia. Moscou: Pedagoguika, 1983).	VIGOTSKI, L. S. *Problemi Defektologuii*. Moskva: Prosveschenie, 1995 (VIGOTSKI, L. S. *Problemas da Defectologia*. Moscou: Prosveschenie, 1995).
Número de textos	28	36
Organização	1. Textos organizados em ordem não cronológica, separados por grandes temas: Parte I – Problemas gerais da Defectologia; Parte II – Questões especiais da Defectologia; Parte III – Questões fronteiriças da Defectologia. 2. Posfácio. 3. Comentários. 4. Índice onomástico. 5. Índice de conceitos. 6. Bibliografia.	1. Apresentação. 2. Vida e obra de L. S. Vigotski, de T. M. Lifanova. 3. Textos apresentados em ordem cronológica, seja da escrita, da estenografia de sua fala ou de publicação em revistas da época. Alguns textos não datados encontram-se ao final do volume. 4. Comentários. 5. Índice onomástico. 6. Bibliografia. 7. Lista bibliográfica das obras de L. S. Vigotski.

Conteúdo	1. Textos que tratam especificamente da Defectologia; 2. Textos em que Vigotski avalia três relatórios de estudos de crianças com defeito.	1. Textos que tratam especificamente da Defectologia; 2. Fragmentos de obras em que a questão de desenvolvimento da criança defectiva também é tratada, por exemplo, do livro de Vigotski *Psicologia Pedagógica*, do *Dicionário de Psicologia*, organizado por Vigotski e Varchava, do livro *Imaginação e criação na infância*). 3. Textos publicados nos Tomos I, III, IV e VI da coletânea *Obras Reunidas*; 4. Texto inédito – *O retardo mental na doença de Pick*; 5. Texto publicado pela primeira vez em 1960 na coletânea Desenvolvimento das funções psíquicas superiores e não publicado nos Tomos das *Obras Reunidas*.

Além disso, vale ressaltar que há expressões e termos conceituais empregados por L. S. Vigotski que não são utilizados hoje em dia. Todavia, eles não podem ser adaptados para os termos atuais por duas razões importantes. A primeira é uma decisão que se prende ao respeito ao tempo histórico do autor, compromisso ético iniludível de um bom responsável. A segunda razão está relacionada ao fato de que muitas ideias apresentadas pelo autor se tornariam incompreensíveis para o leitor contemporâneo, caso as substituições para termos atuais fossem feitas.

Em geral, os estudos de Vigotski sobre a defectologia não têm a mesma repercussão dos que tratam da psicologia do desenvolvimento, de um modo geral e em referência ao homem comum com um biótipo considerado normal. Contudo, é muito importante ressaltar que, para ele, o estudo do desenvolvimento atípico é essencial para o entendimento dos processos comuns ou típicos. Essa ideia perpassa todos os seus estudos de defectologia, pois se encontra no âmago de sua preocupação em compreender a diversificação das formas de desenvolvimento cultural. Contudo, ela é realçada quando ele examina os processos compensatórios, mais especificamente a compensação social, que é o modo de realização de uma singularidade concreta. Conforme já apontamos em outro momento, é no âmbito da vida social, "da cooperação social que poderiam ser encontradas as formas concretas de manifestação dos infinitos modos de desenvolvimento cultural, isto é, das singularidades desse processo" (Tunes, 2017, p. 81). Os processos compensatórios são a chave para a compreensão e a formulação da lei geral da diversificação dos modos de desenvolvimento cultural, uma das importantes tarefas com as quais os estudiosos da defectologia deveriam se ocupar, segundo Vigotski. Os processos compensatórios são característicos do desenvolvimento de todos os seres humanos. Contudo, podem ser mais facilmente identificados e examinados nas pessoas que apresentam uma conformação psicofisiológica incomum, quando procuram superar os obstáculos impostos a elas pelos meios e instrumentos culturais que foram delineados e construídos para o biótipo comum. Assim sendo, o estudo dos modos de compensação social desenvolvidos por pessoas defectivas colabora intensamente para a compreensão de processos compensatórios em pessoas normais e, vale dizer, muito mais do que o contrário.

Os primeiros textos relativos à *defectologia,* publicados por Vigotski, datam de 1924, logo após a apresentação feita no Congresso de Psiconeurologia que ocorreu em janeiro do mesmo ano, em Petrogrado. Lifanova (1995) afirma que, entre maio e junho de 1923, na Escola Técnica de Pedagogia da Cidade de Gomel (Bielorrússia), funcionava um laboratório do qual participavam estudantes do Instituto de Pedologia de Moscou. Sob a orientação de L. S. Vigotski, eles realizavam pesquisas com crianças normais e defectivas com base no método de Rossolimo. Foram os resultados de três desses estudos, que ele apresentou no referido Congresso, que lhe renderam o convite para integrar o grupo do recém-inaugurado Instituto de Psicologia de Moscou.

> Ao finalizar seus compromissos em Gomel, ele mudou-se para a capital. Com êxito, prestou os exames para obtenção do grau de cientista de II Grau e iniciou seu trabalho no Instituto de Psicologia Experimental. Lev Semionovitch residia no mesmo prédio, à rua Morrovaia, n. 9, onde, no subsolo, foi-lhe reservado um quarto. Logo em seguida, sua noiva – Roza Noievna Smerrova – chegou a Moscou. Pouco tempo depois, eles se casaram. Mais tarde (em 1925 e 1930), nasceram as duas filhas: Guita e Assia. Ao final de 1925, a família mudou-se para a rua Serpurrovskaia.

A inteligência, a erudição e a experiência de cinco anos em Gomel ajudaram L. S. Vigotski não apenas a realizar pesquisas científicas experimentais no Instituto, como também a orientar trabalhos de investigação científica de alguns colegas (por exemplo, de I. M. Soloviov). (Lifanova *apud* Vigotski, 1995, p. 9)

Com a tradução dos sete textos que ora apresentamos, esperamos oferecer ao leitor brasileiro a oportunidade de iniciar ou aprofundar seus estudos na fantástica e desafiadora área da defectologia. Aqui, também, declaramos nosso compromisso de continuar com a tradução dos demais capítulos que compõem o livro organizado por Lifanova.

Era nosso desejo entregar um exemplar de nossa tradução à nossa querida amiga Elena. Infelizmente, não poderemos realizá-lo, pois ela nos deixou no início deste ano de 2020 repleto de tristes lembranças. Certamente, tão logo seja publicado, enviaremos alguns exemplares a seu marido e filhos.

Na tentativa de instrumentar melhor o leitor, traduzimos e incluímos em notas de rodapé dados importantes sobre autores citados nos capítulos. Demos prioridade às notas da edição da qual foram traduzidos os textos, porém, nos casos de ausência de notas referentes a determinado autor, recorremos a informações contidas na edição do Tomo 5, de 1983. Vale ressaltar que as notas para a edição russa, de 1995, foram elaboradas pela professora da Universidade de Moscou Marina Anatolievna Stepanova e para a edição soviética, de 1983, pelos organizadores do volume. No caso de haver autores para os quais não foram oferecidas informações em nenhuma das duas edições, incluímos dados que conseguimos obter de outras fontes. Essas ações são sinalizadas do seguinte modo:

N.E.R. – Nota da Edição Russa: notas que se encontram no livro *Problemas da defectologia* [*Problemi defektologuii*], organizado por Tamara Mirrailovna Lifanova, editado e publicado na Rússia em 1995.

N.E.S. – Nota da Edição Soviética: notas que se encontram no Volume 5 das *Obras Reunidas* [*Sobranie sotchineni*], organizado por coletivo de autores (A. Vlassova, E. S. Bein, R. E. Levina, N. G. Morozova, J. I. Chif), editado e publicado na União Soviética em 1983.

N. T. – Nota da Tradução: notas elaboradas pelas tradutoras da obra.

Vale também destacar as escolhas feitas em relação à transliteração de nomes, sobrenomes e palavras do russo. É comum encontrarmos a transliteração seguindo o padrão da língua inglesa. Entretanto, consideramos que a transliteração para o português deve seguir uma regra própria que obedeça à pronúncia da palavra no russo. Por isso, fizemos as seguintes escolhas:

1. Para a letra russa X, no início da palavra, como em Харьков, por exemplo, empregamos a transliteração Rarkov. Para letra russa x no meio da palavra, como em Михаил, empregamos a transliteração *Mirrail*. Para a mesma letra ao final da palavra, como em слепых,

empregamos a letra r, isto é, slepir. Entretanto, quando na palavra russa ocorre o encontro das duas consoantes do alfabeto cirílico х e p, como na palavra сохранение, empregamos a transliteração rhr, ou seja, sorhranenie.
2. Para a letra russa ч, independentemente de seu lugar na palavra, empregamos a transliteração tch, como em Семёнович, isto é, Semionovi_tch_.
3. Para a letra russa ц, também independentemente de seu lugar na palavra, empregamos a transliteração ts, como em Озерецкий, ou seja, Ozere_ts_ki.
4. No caso da letra russa ш, independentemente do lugar na palavra, empregamos a transliteração ch, como em Трошин, ou seja, Tro_ch_in.
5. Letra russa щ, da mesma forma, independentemente do lugar na palavra, empregamos sch, como em Просвещение, ou seja, Prosve_sch_enie.

Por fim, gostaríamos de agradecer a todos que colaboraram para a finalização deste volume. Nossa gratidão ao amigo Eric de Oliveira e às amigas Janine Mundim e Ingrid Lilian Fuhr pela leitura atenta e cuidadosa da tradução que oferecemos ao leitor.

Referências

LIFANOVA, Tamara Mirrailovna. "Vida e obra de L. S. Vigotski" [Jizn i tvortchestvo L. S. Vigotskogo]. *In*: VIGOTSKI, L. S. *Problemi defektologuii [Problemas da defectologia]*. Moskva: Prosveschenie, 1995.

TUNES, Elizabeth. "A Defectologia de Vigotski – uma contribuição inédita e revolucionária no campo da educação e da psicologia". *In: VERESK – Cadernos Acadêmicos Internacionais*. Brasília: Uniceub, 2017, p. 75-84.

VIGOTSKI, Lev Semionovitch. *Sobranie sotchineni [Obras reunidas]*. Moskva: Pedagoguika, 1983.

VIGOTSKI, Lev Semionovitch. *Problemi defektologuii [Problemas da defectologia]*. Moskva: Prosveschenie, 1995.

PRINCÍPIOS DA EDUCAÇÃO DE CRIANÇAS FISICAMENTE DEFECTIVAS[1]

1

A revolução, que reconstruiu nossa escola de cima abaixo, quase não afetou a escola especial para crianças defectivas. Nas

---

[1] Este trabalho se baseia na apresentação *Printsipi vospitania fizitcheski defektivnir detei* [*Princípios da educação de crianças fisicamente defectivas*], feita por Vigotski para o II Congresso de Proteção Jurídico-social de Menores de Idade (1924). O autor incluiu no capítulo uma resenha do livro de A. N. Graborov *Vspomogatelnaia chkola* [*A escola auxiliar*] (1925). Fundamentalmente, o capítulo se orienta para o estabelecimento de critérios para estruturação do trabalho educativo e docente nas instituições para crianças com diversas anomalias de desenvolvimento; nele, são expostos os princípios de organização e o conteúdo do trabalho pedagógico com as crianças anômalas. Nesse congresso, refletiu-se sobre os critérios, essencialmente novos, a respeito das possibilidades cognitivas dessas crianças. O Congresso espelhou a linha otimista no desenvolvimento da defectologia. Participaram dele defectólogos, psicólogos e médicos. O Congresso teve como objetivo analisar com profundidade o estado das escolas especiais no que dizia respeito à organização e aos princípios, assim como à educação e ao ensino. Nas resoluções, destacou-se o objetivo de vincular a pedagogia especial da criança fisicamente defectiva e mentalmente atrasada aos princípios e métodos gerais da educação social de crianças na escola soviética. Igualmente, foi destacada a necessidade de incorporar essa categoria de crianças a uma atividade laboral social útil, a uma vida de trabalho independente. O Congresso reconheceu ser inadmissível dividir as crianças entre as normais e as chamadas moralmente defectivas, eticamente atrasadas etc. Foi sublinhado que as experiências com a transferência das chamadas crianças difíceis para outro ambiente haviam demonstrado a possibilidade de uma mudança radical de seu comportamento. As crianças se livraram das reações defensivas às influências sociais desfavoráveis a elas e superaram as insuficiências de seu comportamento. O grande significado histórico do Congresso reside na contribuição para uma revisão profunda do ensino e da educação de crianças na escola especial da União Soviética. (N.E.S.)

Este trabalho se baseia no relatório apresentado ao II Congresso de SPON (de Proteção Jurídico-social de Menores de Idade), em 1924, e foi publicado na Revista *Narodnoie prosveschenie* [*Instrução popular*] em 1925 (n. 1, p. 112-120). (N.E.R.)

escolas em que se educam crianças cegas, surdas-mudas e com retardo mental, tudo se mantém, agora, exatamente igual a antes da revolução, não se levando em conta as modificações insubstanciais que surgiram mecanicamente. Portanto, o trabalho permanece, até o presente, sem vinculação teórica e prática com as bases gerais da educação social e com o sistema de instrução pública de nossa República. A tarefa consiste em vincular a pedagogia da infância defectiva (pedagogia de surdos, cegos, oligofrênicos etc.) com os princípios e métodos gerais da educação social; encontrar um sistema tal que permita unir, organicamente, a pedagogia especial com a pedagogia da infância normal. Aguarda-nos um grande trabalho criativo para reestruturar nossa escola com base em novos princípios. Devemos esboçar as linhas básicas ou, mais exatamente, os pontos de partida desse trabalho.

Em que pese todos os seus méritos, nossa escola especial se destaca pela falha fundamental de encerrar o educando – a criança cega, surda-muda ou retardada mental – no estreito círculo da coletividade escolar, criando um mundinho isolado e fechado em que tudo é centrado na insuficiência física, acomodado e adaptado ao defeito da criança, sem introduzi-la na vida autêntica. Nossa escola especial, ao invés de retirar a criança de um mundo isolado, costuma desenvolver nela hábitos que a conduzem a um isolamento maior, acentuando sua separação. Devido a essas falhas, não apenas a educação geral da criança é paralisada, como também, às vezes, a preparação especial a ela dirigida reduz-se a zero. Por exemplo, a fala nos surdos-mudos. Em que pese o bom planejamento do ensino da fala, este permanece em estado rudimentar para a criança surda-muda porque o mundo fechado em que vive não cria a necessidade dela.

Esse sistema fechado de educação de crianças cegas, surdas-mudas e mentalmente retardadas veio da Alemanha, onde alcançou o auge, desenvolveu-se até seus limites lógicos e, por isso, à primeira vista, pode servir como exemplo atraente. Se vocês lerem a descrição das escolas especiais alemãs, verão que distam das escolas comuns. Com base nestas, estruturou-se uma série de instituições complexas com o objetivo final de proporcionar e ampliar bastante as instalações para cegos e surdos-mudos, habituando-os a elas, sistematicamente, de tal forma que não possam dispensá-las. Com frequência, a quantidade dessas instituições está acima de dezenas. Se lhes interessa, verifiquem que algumas escolas bem organizadas possuem até pequenos bancos que permitem a abertura de crédito aos cegos e surdos-mudos para alguma atividade comercial e artesanal posterior em sua vida. Todas as demais instituições servem ao mesmo fim – a assistência social. Desse modo, cria-se uma espécie de fortaleza que conquistou, solidamente, fragmentos do mundo exterior, mas que, a despeito de tudo, cria posições especiais para a criança defectiva, mesmo depois que se retira da escola. Até a instrução universitária para cegos, na Alemanha, encontra-se ainda separada em um sistema especial a que se incorporaram também os famosos cursos universitários para cegos, de Marburgo, que aceitam, hospitaleiramente, os cegos da URSS para que recebam formação superior. Pressupõe-se que os cegos que queiram especializar-se em alguma área do ensino superior devem ser separados do conjunto dos estudantes normais e colocados em condições particulares. Muitas pessoas formaram a opinião de que o sistema alemão é poderoso e tem valor, precisamente, porque, por um lado, a Alemanha tem uma quantidade insignificante de crianças defectivas e, por outro, pelo fato de ter levado ao máximo o isolamento dessas instituições.

Esse sistema se opõe radicalmente à nossa prática pedagógica. Em nosso país, a educação e o ensino de crianças cegas e deficientes devem ser formulados como um problema de educação social; psicológica e pedagogicamente, trata-se de um problema de educação social. Na realidade, é muito fácil alertar que qualquer deficiência corporal – seja a cegueira, a surdez ou o retardo mental – provoca uma espécie de deslocamento social. Desde seus primeiros dias de vida, quando se nota o defeito, a criança cega adquire, mesmo no seio da própria família, uma posição social especial e suas relações com o meio circundante começam a fluir por um canal distinto ao da criança normal. Podemos dizer que a cegueira e a surdez implicam não somente uma perturbação da atividade da criança no mundo físico, mas, sobretudo, uma ruptura, um deslocamento dos sistemas que determinam as funções de seu comportamento social. Provavelmente, fique claro que, na realidade, isso é assim se explicarmos com profundidade esse ponto de vista. Subtende-se que a cegueira e a surdez são fatos biológicos e, de maneira alguma, sociais. Na realidade, a questão reside no fato de que o educador se vê não tanto frente a esses fatos biológicos quanto diante de suas consequências sociais.

Quando estamos diante de uma criança cega como objeto de educação, importa-nos enfrentar não tanto a própria cegueira quanto os conflitos que surgem quando ela entra em contato com a vida, momento em que se produz o deslocamento dos sistemas que definem as funções do comportamento social da criança. Por isso, parece-me que, do ponto de vista pedagógico, a educação dessa criança se reduz a corrigir completamente esses deslocamentos sociais. A situação seria a mesma se tivéssemos diante de nós uma luxação física da mão que se deslocou da articulação. É preciso encaixar o órgão afetado. A tarefa da educação consiste em introduzir a criança cega na vida e criar a compensação de sua insuficiência física. A tarefa é conseguir que a alteração da ligação social com a vida se conduza por outro caminho.

Não entrarei na análise científica dos conceitos psicológicos de surdo-mudez ou cegueira. Permito-me deter-me apenas nas ideias geralmente aceitas que podemos encontrar habitualmente na literatura. *A cegueira ou a surdez, como fatos psicológicos, não existem para o próprio cego ou para o surdo.* Imaginamos em vão que o cego esteja mergulhado em trevas, que sinta a escuridão como se tivesse caído em um fosso negro. Investigadores muito prestigiados testemunham (como mostra tanto a análise objetiva como as impressões subjetivas dos próprios cegos) que essa noção é completamente falsa. Os cegos não sentem diretamente sua cegueira e tampouco os surdos sentem o deprimente silêncio em que vivem. Quisera demonstrar que também para o pedagogo, para a pessoa que se aproxima da criança cega com o propósito de educá-la, não exista a cegueira como fato diretamente fisiológico, mas as consequências sociais desse fato que precisam ser levadas em conta.

Na literatura científica e na opinião pública, enraizou-se, firmemente, a ideia falsa de que há certa compensação biológica do defeito. Creem que, ao nos privar de algum dos sentidos, a natureza nos recompensaria com o desenvolvimento inusual dos demais, que os cegos possuem um tato extraordinariamente agudo, que os surdos se distinguem por uma visão particularmente aguçada. De acordo com essa falsa convicção, as tarefas da pedagogia adquirem um caráter médico, terapêutico, reduzindo-se ao desenvolvimento dos sentidos preservados. Entendia-se a surdez e a cegueira de um modo estritamente orgânico, e a pedagogia tratava essas crianças também do ponto de vista da compensação biológica (por exemplo, se um rim é extirpado, o outro assume a função dele). Dito de outro modo, a questão dos defeitos era abordada sempre de maneira grosseiramente física. Daí decorre toda a nossa pedagogia especial, isto é, uma pedagogia terapêutica ou farmacológica. Contudo, é claro para qualquer pedagogo que a criança cega ou surda-muda é, em primeiro lugar, uma criança e, em segundo plano, como dizem os psicólogos alemães, uma criança especial cega ou surda-muda.

Se for levada em conta a análise psicológica meticulosa das vivências relativas à cegueira e à surdez (refiro-me à obra de psicologia dos cegos de Bürklen,[2] publicada este ano e a mais sólida nesse terreno), pode-se ver que o psiquismo do cego não surge, *primariamente*, do próprio defeito físico, mas, *secundariamente*, das consequências sociais provocadas por ele. A tarefa é impedir que tal pedagogia farmacológica, tal pedagogia terapêutica prejudique a nutrição normal da criança, pois é mau médico aquele que, ao prescrever um medicamento ao paciente, esquece-se de que o doente também deve se alimentar normalmente e de que não se pode viver somente de medicamento. Semelhante pedagogia é proporcionada por uma educação que, desde seu início, orienta-se pela invalidez como princípio e cuja consequência contradiz, radicalmente, os fundamentos da educação social.

Se partimos de sua tese a respeito da educação em seu conjunto, é sumamente simples definir o lugar que ocupa a educação especial no sistema da educação geral. No final das contas, toda educação se reduz ao estabelecimento de algumas novas formas de comportamento, à formação de respostas condicionadas ou

---

[2] Bürklen, Karl (1869-1956) – Pedagogo de surdos e psicólogo alemão. Dirigiu o Instituto de Cegos, em Purkersdorf (nas proximidades de Viena). Em seu famoso livro *Psicologia dos cegos*, afirmava que a cegueira determina o estreitamento da esfera psíquica que não pode ser compensada por nada. Segundo Bürklen, a pessoa cega é um tipo psíquico especial: "uma pessoa de outra espécie, diferente da vidente". A tradução para a língua russa do referido livro de Bürklen (Bürklen, Karl. *Psicologia dos cegos*. M., 1934) contou com a participação de L. S. Vigotski, que criticou a tese da incompletude dos cegos e a de subestimação da determinação social do desenvolvimento psíquico dos cegos. (N.E.R.)

reflexos condicionais como, agora, dizem os fisiólogos. Contudo, sob o ângulo fisiológico, sob o ângulo do que, para nós, é mais perigoso nesse sentido, não há qualquer diferença essencial entre a educação da criança com defeito e a educação da criança normal. Sob o ponto de vista físico, a cegueira e a surdez simplesmente implicam a falta de um dos órgãos dos sentidos, como dissemos anteriormente, ou de um dos analisadores, como dizem agora os fisiólogos. Isso significa que falta uma das vias pelas quais se realiza a ligação com o mundo exterior, e a via ausente pode ser compensada em grande medida por outras vias.

Uma das teses da fisiologia experimental que se apresenta como das mais importantes para a pedagogia afirma que as formas condicionais de comportamento têm por princípio um único vínculo com os diversos órgãos dos sentidos, com os diferentes analisadores. Um reflexo condicional pode ser formado com a visão, do mesmo modo que com a audição, e com a audição, do mesmo modo que com o tato. Por conseguinte, quando, na educação, temos a substituição de um analisador por outro, de uma via por outra, empreendemos o caminho da compensação social de qualquer defeito.

O importante não é que o cego veja as letras, mas que saiba ler. O importante é que leia, exatamente, do mesmo modo que lemos e que seja ensinado como uma criança normal. O importante é que o cego saiba escrever e não apenas mover a caneta pelo papel. Se ele aprende a escrever marcando o papel com uma punção, estamos, novamente, diante do mesmo princípio e diante de um fenômeno praticamente idêntico. Por isso, a formulação de Kurtman,[3] segundo a qual não se deve medir o cego, o surdo-mudo e o débil mental com a mesma régua que o normal, deve ser substituída precisamente pela afirmação inversa. *Do ponto*

---

[3] Sem informações a respeito do autor citado. (N.T.)

de vista psicológico e pedagógico, pode-se e deve-se compreender a criança cega e a surda-muda com a mesma medida que a normal. Essencialmente, não há diferença no enfoque educativo para uma criança defectiva e para uma normal nem na organização psicológica de sua personalidade. O conhecido livro de G. Ia. Trochin (1915) contém essa ideia extraordinariamente importante.[4] É equivocado ver unicamente uma enfermidade na anormalidade. Notamos apenas o defeito na criança anormal e, por isso, nossa teoria sobre ela e o modo de examiná-la limita-se a constatar que existe determinada porcentagem de cegueira, de surdez ou de alteração do paladar. Detemo-nos em gramas de enfermidade e não percebemos os quilos de saúde. Notamos migalhas de defeito

---

[4] Trochin, Grigori Iakovlevitch (1874-1938). Psiquiatra russo. No livro *Antropologuitcheskie osnovi vospitania. Sravnitelnaia psirrologuia normalnir i nenormalnir detei* [*Fundamentos antropológicos da educação. Psicologia comparada de crianças normais e anormais*] (1915), posicionou-se contra a tese principal da pedagogia especial tradicional, de acordo com a qual não se pode medir o cego, o surdo e o retardado mental com a mesma medida que se avalia a pessoa normal. Ele defendia que o desenvolvimento de crianças normais e anormais segue as mesmas leis e a diferença consiste apenas no modo de desenvolvimento. L. S. Vigotski concordou com a tese de Trochin de enxergar em crianças anormais não apenas a doença, mas uma vida psíquica normal. Segundo Trochin, crianças anormais não atingem, em seu desenvolvimento, os estágios superiores e, dependendo em que estágio o desenvolvimento se deteve, é possível diferenciar três graus de desenvolvimento insuficiente patológico: idiotia, imbecil (retardo mental) e retardo. Trochin propôs uma classificação de anormais, destacando um grupo de desenvolvimento psíquico insuficiente, um grupo de neuroses e psicoses infantis e um grupo de anormalidade sintomática. Uma contribuição importante de Trochin foi a diferenciação do retardo mental e das neuroses e psicoses infantis, assim como dos fenômenos da anormalidade como consequência de doenças somáticas e de condições desfavoráveis para o desenvolvimento. Além disso, Vigotski concordou com a ideia de Trochin sobre a superestimação, na pedagogia tradicional, do papel dos órgãos do sentido no desenvolvimento da personalidade de crianças anormais. Sobre esse ponto, Vigotski destacava que a conservação e o desenvolvimento de analisadores não garantem uma constituição superior e complexa da personalidade. Essas ideias estão ideologicamente interligadas com a afirmação de Vigotski sobre a compensação social, e não biológica, do defeito físico. (N.E.R.)

e não captamos as enormes áreas ricas de vida que possuem as crianças que padecem de anormalidades. Essas obviedades que, tudo indica, são difíceis de discutir, opõem-se radicalmente ao que temos na teoria e na prática de nossa pedagogia especial.

Tenho em mãos uma instrução editada no corrente ano, na Suíça.[5] Nela, lemos a tese que soa como uma grande revelação muito importante para a nossa pedagogia: há que se tratar a criança cega do mesmo modo que a vidente, ensiná-la a caminhar no mesmo período que a vidente, conceder-lhe a máxima possibilidade de brincar com todas as crianças. Lá, isso é considerado uma verdade elementar. De nossa parte, afirmamos exatamente o oposto. Aqui, parece-me haver duas direções na pedagogia especial: uma que se orienta para a enfermidade e outra, para a saúde. Tanto os dados de nossa prática como os da teoria científica nos obrigam a considerar falso o primeiro ponto de vista em nossa pedagogia especial. A esse respeito, eu poderia me remeter a vários dados, mas me limitarei a fazer referência a algumas apresentações do último congresso de Stuttgart,[6] realizado este ano, tratando de temas da educação e da assistência a cegos. Lá, enfrentaram-se os sistemas alemão e o norte-americano. Respectivamente, na educação, um sistema se orienta para as insuficiências da criança cega e outro para a saúde que permaneceu intacta. Embora o encontro dos

---

[5] Ao examinar a questão sobre a orientação principal das influências educativas na criança anormal (em relação aos problemas da compensação), Vigotski enunciou seu ponto de vista acerca de um boletim editado na Suíça "este ano", evidentemente, em 1924-1926. Ele destacou a fecunda ideia de que "há que se tratar a criança cega do mesmo modo que a vidente", exposta no mesmo. (N.E.S.)

[6] Vigotski assinalou que o mesmo tema fora examinado no último Congresso em Stuttgart ("este ano"). Houve uma contraposição entre o sistema alemão de educação, que se orientava para o déficit da criança, e o norte-americano que se apoiava nos traços sãos de sua personalidade. O sistema norte-americano triunfou nesse debate. (N.E.S.)

dois sistemas tenha transcorrido, precisamente, na Alemanha, o resultado foi demolidor para o sistema alemão. Ele não se justifica na vida.

2

Permito-me ilustrar a tese que sustento sobre um ponto do ensino especial. Pode-se formulá-la do seguinte modo: qualquer questão do ensino especial é, ao mesmo tempo, uma questão da educação especial em seu conjunto. Nos surdos--mudos, o órgão da audição está afetado e os demais estão sãos. Devido à afecção do ouvido, por ser surda, a criança não pode assimilar a fala humana. Consegue-se ensinar a fala oral aos surdos por meio da leitura labial, vinculando-se distintas ideias a uma série de movimentos. Em outros termos, ensina--se a "ouvir com os olhos". Assim, pode-se ensinar os surdos a falar não apenas algum idioma, como vários, com a ajuda das sensações cinestésicas (motrizes) que são provocadas pela pronunciação.

Esse ensino (método alemão) tem todas as vantagens sobre os outros, o método mímico (francês), o método do alfabeto manual (dactilologia, escrita no ar) porque essa linguagem torna possível a convivência do surdo com pessoas não surdas e serve como instrumento de elaboração do pensamento e da consciência. Para nós, não havia dúvida alguma de que, precisamente, a fala oral, o método oral, deve ser considerado fundamental na educação dos surdos-mudos. Porém, quando vocês enfrentarem a prática, verão de imediato que essa questão específica diz respeito à educação social, em geral. Na prática, verifica-se que o ensino da fala oral oferece resultados sumamente lamentáveis. O ensino consome muito tempo; normalmente, não se ensina a construir as frases logicamente, incute-se a pronúncia no lugar da fala, limita-se o vocabulário.

Portanto, cria-se uma situação extraordinariamente difícil e confusa que, na teoria, resolve-se, felizmente, com um método, mas, na prática, proporciona resultados contrários. Na escola alemã, onde está mais difundido esse método de ensino da fala oral aos surdos-mudos, observam-se também as maiores deformações da pedagogia científica. Recorrendo a uma excepcional rigidez e coação da criança, consegue-se ensinar-lhe a fala oral, mas seu interesse segue um curso distinto. Nessas escolas, a mímica é proibida e combatida, mas o pedagogo não encontra um modo de bani-la. O famoso colégio para surdos-mudos, de J. Vatter,[7] destacou-se pelos maiores êxitos nessa tarefa, mas as aulas de fala oral eram realizadas com grande crueldade. Ao obrigar o aluno a assimilar um som difícil, o professor podia quebrar-lhe um dente e, após limpar o sangue da mão, passava para outro aluno ou para outro som.

Dessa maneira, a prática real diverge do método. Os pedagogos afirmam que, para o surdo-mudo, a fala oral é antinatural, que esse método é antinatural por contradizer a natureza da criança. Nesse caso, convence-se de que nem o sistema francês, nem o alemão, nem o italiano, nem sequer um método combinado pode oferecer uma saída para a situação, que somente a socialização da educação pode proporcionar. Se existe na criança

---

[7] Vatter, Johann (1842-1916). Pedagogo de surdos alemão. Em 1863, começou a trabalhar como ajudante de professor em uma escola particular para surdos em Frankfurt e, posteriormente, tonou-se diretor. Finalizou a reconstrução da escola alemã para cegos empregando o *método oral puro*. O ensino para Vatter tinha como objetivo principal a assimilação pelos surdos de hábitos da fala oral. A fala mimico-gestual e datilológica como recurso de instrução e convivência era rechaçada por ele. L. S. Vigotski criticava o "método oral puro" e indicava a contradição entre ele e a natureza da criança, afirmando que eram a crueldade e a violência que faziam com que a criança aprendesse. A implantação do método de Vatter na prática pedagógica com surdos levava em conta suas falhas (o mal rendimento de alunos submetidos a esse método) e estimulava uma discussão científica. (N.E.R.)

a necessidade da fala oral, se tiver sido eliminada a necessidade da mímica, somente então se pode estar seguro de que a fala oral se desenvolverá. Tive oportunidade de falar com especialistas e estes acreditam que a melhor comprovação do método oral é a vida. Vários anos após concluírem a escola, quando os alunos se reúnem, ocorre o seguinte: se a fala oral tivesse sido condição de existência para as crianças, elas a dominariam completamente; de outro modo, se não tiveram necessidade da fala oral, então, terão voltado à mudez de que padeciam quando ingressaram na escola. Portanto, essa situação não é resolvida por esse ou aquele método, mas pela vida.

Em nossas escolas para surdos-mudos, tudo se orienta contra os interesses infantis. Os instintos e as aspirações infantis não são nossos aliados na tarefa educativa, mas nossos inimigos. Aplica-se um método especial que, de antemão, orienta-se contra a criança, pretendendo-se violentá-la a fim de lhe inculcar a fala muda. Esse método coercitivo se mostra inadmissível na prática; a força dos fatos o condena ao desaparecimento. Não extraio daí a conclusão de que o método oral seja impróprio para a escola. Apenas quero dizer que nenhum problema acerca de um método especial pode ser apresentado dentro dos marcos estreitos da pedagogia especial. A questão do ensino da fala oral não diz respeito ao método de articulação. É preciso abordá-la sob o ponto de vista do imponderável.

Se se ensina o surdo-mudo a trabalhar, se ele aprende a fazer bonecos de pano e a vendê-los, se ele confecciona "lembrancinhas" e, depois, leva-as a restaurantes, oferecendo-as aos clientes, isso não é educação para o trabalho, mas uma educação para a mendicância porque é mais cômodo pedir esmola com algo nas mãos. Neste caso, o surdo-mudo se encontra em vantagem em relação aos falantes, uma vez que se prefere comprar dele. Mas se a vida sugerisse a necessidade da fala oral, se, de modo geral, se apresentasse, normalmente, o tema da educação para o trabalho, seria possível assegurar-se de que a assimilação da fala oral na escola de surdos-mudos não apresentaria tanta dificuldade. Qualquer método pode conduzir ao absurdo. Isso foi o que aconteceu com o método oral em nossa escola. Esse problema somente poderá ser corretamente solucionado quando o formularmos em toda a sua amplitude como uma questão da educação social em sua totalidade. Eis porque me parece que todo o nosso trabalho deve ser revisto do começo ao fim.

As mesmas conclusões impõem-se em relação à educação laboral dos cegos. O trabalho é apresentado às crianças de modo artificial, excluindo-se seus elementos organizacionais e coletivos: essas funções são assumidas pelos videntes, e ao cego cabe apenas o trabalho solitário. Que resultados pode haver quando o aluno é apenas um executor e alguém realiza por ele o trabalho de organização e, por não estar habituado à colaboração nas tarefas, torna-se um inválido quando sai da escola? Se houvesse uma escola que introduzisse, na vida do cego, um trabalho profissional produtivo do qual não se elimina o aspecto socialmente organizado – o mais valioso, no sentido educativo – teríamos um efeito completamente distinto na aprendizagem laboral dos cegos. Por isso, parece-me que uma orientação mais ampla em direção às crianças normais deve servir de ponto de partida para nossa revisão da pedagogia especial. Todo o problema é extremamente simples e claro. Em sã consciência, ninguém nega a necessidade da pedagogia especial. Não se pode afirmar que não existam conhecimentos especiais para os cegos, para os surdos e para os retardados mentais. Mas esses conhecimentos e preparação especiais devem ser subordinados à educação comum, à preparação comum. A pedagogia especial deve estar diluída na atividade geral da criança.

3

Passemos às crianças mentalmente retardadas. Aqui, também, o problema fundamental é o mesmo: o vínculo entre a educação especial e a comum. Aqui, é como se o ar fosse mais fresco. Aqui, já penetraram ideias novas provenientes da escola comum. Mas, também neste caso, a questão fundamental segue, até o momento, pendente de solução. Também neste caso, as vacas magras do ensino especial devoram as vacas gordas da educação comum de qualquer criatura humana. Para mostrar isso, vou me deter no modo como se resolve essa questão no livro de A. N. Graborov,[8] *A escola auxiliar* (1925), o melhor texto e o mais avançado de todos os que temos nessa área. De antemão, afirmo que nele também a questão é resolvida, fundamentalmente, ao estilo antigo: a favor das vacas magras. O autor está profundamente correto quando diz que os métodos elaborados na prática da educação das crianças mentalmente atrasadas têm significado não apenas para a escola auxiliar como também para a escola comum. Assim, tão mais importante é ressaltar com a maior clareza e precisão possível as teses essenciais da pedagogia auxiliar

---

[8] Graborov, Aleksei Nikolaievitch (1885-1949). Defectólogo russo e soviético, um dos organizadores da escola auxiliar. No livro *Vspomogatelnaia chkola* [*Escola auxiliar*] (1925), ao qual Vigotski se referiu como o melhor e mais avançado entre todos nesse campo, Graborov dizia que a educação da criança defectiva se resume à correção do defeito. Vigotski não concordava com essa ideia e destacava que não era o defeito que precisava ser curado e sim "desenvolver as enormes jazidas e profundas camadas de saúde psíquica que existem na criança". Vigotski fazia uma avaliação negativa da pedagogia terapêutica de Graborov, que se apoiava na educação sensorial e na ortopedia psíquica e contrapunha a ela a pedagogia social que, antes de tudo, pressupunha o desenvolvimento de hábitos do comportamento social da criança defectiva. Ao criticar Graborov, por separar a escola auxiliar da normal, Vigotski sublinhava que o ensino especial deve ser parte do trabalho educativo como um todo, e todas as questões da pedagogia especial (ensino da fala oral a surdos-mudos, a educação de cegos no trabalho etc.) podem ser solucionadas somente no âmbito da educação social. (N.E.R.)

e, ainda, é muito relevante para esta esclarecer definitivamente algumas leis básicas da pedagogia geral. É lamentável que não se tenha feito nem uma coisa nem outra, tanto na literatura estrangeira quanto na russa. O pensamento científico ainda não abriu uma brecha no muro que separa a teoria da educação da criança normal e anormal. Enquanto isto não é feito, enquanto não são ajustadas as desavenças, até as últimas consequências, entre a pedagogia defectológica e a geral, ambas seguirão incompletas e a defectologia, necessariamente, carecendo de princípios. Isso é afirmado com clareza insuperável no livro de Graborov. Sem dúvida alguma, este livro tem vigor e o autor deseja acompanhar a nova pedagogia; deseja, mas não pode.

Vejamos algumas minúcias que, quando cuidadosamente examinadas, não são meros detalhes, mas os sintomas da falta de fundamento e de princípios que acabamos de mencionar. No próprio estudo da defectividade e de seus tipos, são diferenciadas a deficiência física e a psíquica. Neste segundo grupo, figuram tanto as crianças mentalmente deficientes (mas *fisicamente*, são saudáveis?) como também as crianças "com uma afecção parcial unicamente da área volitivo-emocional". "Neste segundo grupo, por sua vez, quase sempre consegue-se constatar um desenvolvimento insuficiente do intelecto" (Graborov, 1925, p. 6). Eis um exemplo de imprecisão de pensamento sobre a questão da defectividade moral. Eis, em poucas linhas, a menção à negligência pedagógica e à infância abandonada, ao desequilíbrio e à debilidade. Eis também a exposição de uma teoriazinha psicológica sobre a origem de uma afecção na área volitivo--emocional como consequência do desenvolvimento insuficiente do intelecto. "Durante uma discussão, uma tomada de decisão, a luta entre motivos costuma ser insignificante, os motivos de caráter jurídico-moral costumam ser ignorados pelo sujeito e as tendências egoístas prevalecem" (Graborov, 1925, p. 6).

Como é simples! A desgraça não é a presença de pontos confusos e emaranhados; ela reside no fato de haver aqui um conceito preciso sobre a defectividade infantil e, além disso, de que, em meio a esse nevoeiro, não seja possível construir teoria pedagógica alguma. Não se pode encarar a educação de uma criança com esse "predomínio" de motivos egoístas. Após isso, não nos surpreenderá a afirmação do autor: "uma criança defectiva numa turma é um foco de contágio psíquico na escola" (Graborov, 1925, p. 20). Não é inesperada a predileção pelo sistema alemão de educação isolada para a qual "a escola auxiliar também não tende a transferir, novamente, à escola normal as crianças que lhe são confiadas" (Graborov, 1925, p. 29). Ainda, a principal concepção sobre a defectividade infantil, tal como especificada na lei inglesa e na prática jurídica e forense norte-americana, a despeito de toda a sua heterogeneidade orgânica, é trasladada imediatamente para uma nova teoria pedagógica. Por isso, a faceta pedagógica do assunto não está repleta de erros de julgamento. Não: todos eles estão *aproximadamente* corretos, quando focalizados separadamente, ou seja, são, simultaneamente, corretos e incorretos; essa faceta cobre-se da mesma falta de fundamentos de princípios que a teoria psicológica. Em terceiro lugar, disse o autor, "devemos inculcar-lhe [à criança – Lev Vigotski], durante o período escolar, hábitos de conduta social suficientemente sólidos" (Graborov, 1925, p. 59). Por último, *em quarto lugar*, "é preciso orientar suficientemente a criança no ambiente circundante" (Graborov, 1925, p. 59).

Isto é em terceiro e quarto lugar. Mas, em primeiro e segundo lugar, o que é? Cultura sensorial e ortopedia psíquica. Outra vez, vemos não um detalhe, mas a pedra angular. Se a cultura sensorial e a ortopedia psíquica estão em *primeiro lugar*, enquanto os hábitos sociais e a orientação no ambiente se encontram *em quarto lugar*, não nos afastamos um único passo do sistema "clássico" da pedagogia terapêutica com seu espírito hospitalar, com sua atenção escrupulosa às minúcias de enfermidade, com sua segurança ingênua de que é possível desenvolver, curar, "harmonizar" etc. o psiquismo com medidas terapêuticas à margem do desenvolvimento geral dos "hábitos de conduta social".

Sob a forma com que nosso sistema resolve esse problema fundamental de toda a pedagogia defectológica – a correlação entre a educação geral e a especial – expressa-se a opinião básica do sistema sobre o tema. "Na criança defectiva", é necessário curar o defeito, reduzindo três quartas partes da educação dessa criança à correção do defeito ou devem-se desenvolver as enormes jazidas e profundas camadas de saúde psíquica que existem nela? "Todo trabalho tem uma caráter compensatório--corretivo", disse o autor (Graborov, 1925, p. 60) e, com isso, tudo foi dito acerca de seu sistema. Também está totalmente de acordo com esse ponto de vista biogenético "a disciplina das consequências naturais" (Graborov, 1925, p. 62-72), assim como a confusa fraseologia que parece ser a "harmonização do desenvolvimento" e que acompanha a intenção de esboçar o objetivo "final" da "educação para o trabalho" etc. (Graborov, 1925, p. 77). Pergunta-se: estes são detalhes que se conservaram por descuido do redator ou elementos necessários de uma teoria condenada pela falta de princípios científicos e pedagógicos, uma vez que constrói um sistema e uma teoria da educação sem haver demarcado, exatamente, os pontos de partida? É lógico buscar a solução não nas observações feitas de passagem, mas nos capítulos que analisam essa questão, encontrando-se um sistema de "exercícios de ortopedia psíquica" (Graborov, 1925, cap. XIV) com as clássicas "lições de silêncio" etc., com um *trabalho de escravo*" absurdo, penoso, artificialmente minucioso, infrutífero para as crianças. A título de exemplo, reproduzo alguns detalhes: "1º exercício [...] Ao contar um, dois, três, estabelece-se um silêncio total. Final do exercício, segundo um sinal – o professor bate na mesa. Repetir três, quatro vezes, resistindo por dez, em seguida, 15, 20, 30 segundos. Para quem não resiste (vira-se, começa a falar etc.), de imediato, tarefas individuais ou em grupos de duas-três pessoas. 2º exercício... A classe observa. A um comando, estabelece-se o silêncio. O professor dá a um dos alunos uma tarefa que deve cumprir o mais silenciosamente possível. Após cada execução, 20-30 segundos de descanso, discute-se. O número de exercícios é igual ao número de alunos na sala..." Exemplos: 1) "Misha, aproxime-se do quadro negro, pegue o giz e coloque-o sobre a mesa. Depois, sente-se em seu lugar. Sem fazer barulho". Etc. etc. Ou, ainda, outro exercício: "manter pelo maior tempo possível a posição adotada" (Graborov, 1925, p. 158-159). "Entrega-se a cada criança um livro fino de capa dura ou uma prancheta de tamanho adequado que deve ser mantida horizontalmente. Sobre essa superfície é colocado um pedaço cônico de giz ou, o que é melhor, um palito pontudo de madeira dura com cerca de 10-12 cm de comprimento e, aproximadamente, 1-1,5 cm de diâmetro de base. O menor movimento derrubará o palito. Primeira posição: a criança está de pé com os pés juntos (calcanhares juntos, pontas separadas) e sustenta a prancheta com ambas as mãos; outro aluno coloca o palito (Seria bom fotografar isso! Lev Vigotski)... Quarta posição: os mesmos exercícios..., mas os calcanhares e as pontas dos pés juntos" etc. (Graborov, 1925, p. 159). Sem qualquer pitada de ardor polêmico nem de exagero, cabe dizer, de qualquer modo, que o absurdo desses exercícios salta à vista e supera em muitas vezes o disparate de um antigo livro alemão para traduções, ainda que seja da mesma natureza: "Você toca violino?" – "Não, meu pequeno amigo, mas a tia desse senhor vai viajar para o estrangeiro". Igualzinho.

Toda a ortopedia psicológica e a cultura sensorial são compostas de tais absurdos: assinalar pontos com velocidade crescente, transportar recipientes cheios de água, enfiar colares, lançar aros, desfazer colares, desenhar letras, comparar listas, adotar postura expressiva, estudar odores, comparar a intensidade de odores. Tudo isso educa *quem*? Isso não fará de uma criança normal um retardado mental mais do que desenvolverá em uma criança retardada *os mecanismos da conduta, do psiquismo, da personalidade dos quais não pode se apropriar por seus próprios meios*? Em que isso se diferencia da frase "agudos dentes dos pequenos ratos de nosso vizinho" que aparece no livro para aprender francês? Se, além disso, recordarmos que "cada exercício se repete várias vezes no transcurso de uma série de lições" (Graborov, 1925, p. 157) e que, precisamente, essas tarefas constituem, "em primeiro e em segundo lugar", os objetivos da escola (Graborov, 1925, p. 59), ficará claro que, enquanto não acabarmos com a pedagogia pré-científica e não fizermos toda a escola auxiliar girar 180º em torno de seu eixo, *nada* desenvolveremos com o palito cônico (de 10-12 cm de comprimento e 1-1,5 cm de diâmetro de base) sobre a fina prancheta, nada educaremos na criança retardada senão infundir-lhe o retardo ainda mais profundamente.

Este não é o lugar para desenvolver as possibilidades positivas de uma completa dissolução de toda a ortopedia e cultura sensorial na brincadeira, na atividade de trabalho, na conduta social da criança. Contudo, essas mesmas lições de silêncio, mas sem comando e estabelecidas com um propósito, na brincadeira – provocadas por uma necessidade plena de sentido, reguladas pelo mecanismo da brincadeira – perdem, rapidamente, o caráter de um castigo e podem ser um excelente meio educativo. O que se discute não é se a criança necessita ou não aprender a guardar silêncio, mas com que recursos se consegue isso: com lições segundo um comando ou com um silêncio consciente e adequado a um fim. Nesse exemplo parcial, expressa-se a divergência geral entre os dois diferentes sistemas: entre a velha e a nova pedagogia, a terapêutica e a social. Em que se fundamenta a defesa da educação com separação de gêneros para os retardados mentais se não em um brusco retorno à velha teoria e um recuo às suas posições peculiares? (Graborov, 1925). É humilhante repetir as verdades evidentes sobre a inútil separação de gêneros e sobre a vantagem direta da habituação da convivência de meninos e meninas que, diríamos, em *grau decuplicado* são aplicáveis à criança com atraso. Onde o menino atrasado iniciará relações humanas vitais com meninas senão na escola? O que o isolamento lhe proporcionará, em sua *vida tão infeliz e pobre*, salvo um agravamento do instinto? Todos os argumentos sábios acerca da "correta utilização do prazer" não salvarão a teoria nesse ponto mais frágil, "Não se deve dar um doce à criança e, assim, estimulá-la a realizar um determinado ato justo. As relações devem ser inversas [...] o sofrimento precede o prazer" (Graborov, 1925, p. 100). Assim, o doce deve vir depois e nada mais.

Não, não se pode construir uma teoria e um sistema de educação apenas sobre a base de bons desejos, como não se pode construir uma casa sobre a areia. Se, agora, também viermos a dizer "a tarefa da educação é a educação harmônica" e a harmonia é "a manifestação de uma individualidade criadora" etc. (Graborov, 1925, p. 103), *nada* criaremos. A nova pedagogia da criança defectiva exige, em primeiro lugar, a rejeição audaz e decidida de todo o caduco Adão do antigo sistema com suas lições de silêncio, colares, ortopedia e cultura sensorial; em segundo lugar, a consideração rigorosa, lúcida e consciente das tarefas reais da educação social dessa criança. Essas são as premissas necessárias e inevitáveis da tardia e lentíssima reforma revolucionária da criança defectiva. Livros como o de A. N.

Graborov, com todo o seu vigor, ficam na metade do caminho. Nesses exemplos, vê-se claramente que questões tão específicas como o ensino da fala oral aos surdos-mudos, a educação laboral dos cegos, a educação sensório-motriz dos mentalmente retardados, como também todos os problemas restantes da pedagogia especial têm uma solução correta apenas no terreno da educação social como um todo.

4

Parece-me que o desenvolvimento de nossa escola apresenta uma forma sumamente atrasada em comparação com a prática da Europa Ocidental e da América do Norte. Estamos, pelo menos, cerca de uma dezena de anos atrasados em relação à técnica e aos recursos da escola europeia-ocidental, e tudo indica que precisamos nos igualar a ela. Ao perguntarmos em que consistem os êxitos da Europa e da América do Norte, saberemos que têm duas facetas distintas. De um lado, eles contêm os momentos que precisamos implantar em nossa escola; de outro, realizam-se numa direção a que devemos renunciar da forma mais categórica possível. Por exemplo, as conquistas no trabalho com cegos, na Alemanha (detenho-me nesse fato porque está esclarecido no livro de S. S. Golovin,[9] já publicado),

---

[9] Golovin, Serguei Selivanovitch (1866-1931). Oftalmologista, Doutor em Medicina (1895). A partir de 1925, foi diretor da clínica de olhos da 1ª Universidade de Moscou. Foi autor de mais de 100 trabalhos científicos dedicados ao diagnóstico e tratamento de doenças dos olhos, incluindo trabalhos sobre a propagação da cegueira na Rússia. Fundador de uma das escolas soviéticas de oftalmologia. No livro *Sovremennaia postanovka sotsialnoi pomoschi slepim* [*A situação contemporânea do auxílio social aos cegos*] (1924), Golovin descreveu a experiência alemã de recrutar pessoas cegas para o trabalho com máquinas complexas na grande indústria. L. S. Vigotski conclama a transferir a experiência europeia para a escola especial soviética e aponta para a possibilidade de superação social do defeito com a integração dos cegos à vida do trabalho. (N.E.R.)

tiveram ressonância no mundo inteiro. O trabalho está associado ao nome do engenheiro P. Perls e seus resultados podem ser formulados em uma única frase: a integração de cegos à grande indústria, a título de experiência – muito exitosa.[10]

Pela primeira vez, na história da humanidade, cegos tiveram acesso ao trabalho com máquinas complexas, e essa experiência teve um resultado extraordinariamente frutífero. No lugar do círculo estreito de ofícios para cegos, que nada mais fez do que preparar músicos, cantores, artesãos cegos, com frequência, incapazes, a Comissão berlinense para investigar profissões aptas para cegos estabeleceu 122 profissões, em sua maior parte, relacionadas a trabalhos na grande indústria. Em outras palavras, uma forma superior de trabalho (os conhecimentos politécnicos e a experiência de organização social) passou a ser totalmente acessível a cegos. Não é demais mencionar o valor gigantesco que tem essa afirmação para a pedagogia. Equivale à ideia de que é possível superar o defeito com a plena incorporação dos cegos à vida do trabalho.

Há que se levar em conta que esse experimento foi organizado na Alemanha com pessoas que ficaram cegas durante a guerra. Ao aplicá-lo a cegos inatos, certamente, teremos algumas novas dificuldades nessa tarefa. Contudo, não há dúvida de que, tanto teórica quanto praticamente, esse experimento se aplica, em seus aspectos fundamentais, a cegos de nascimento. Registremos os dois princípios mais importantes em cuja base foi construído esse trabalho. O primeiro: os cegos trabalham juntos com os videntes. Em nenhuma empresa, os cegos realizam seu trabalho por si sós, isoladamente, mas indispensavelmente juntos e em colaboração

---

[10] Perls, Pavel (?). Diretor de uma das seções das fábricas de material elétrico Siemen-Schickert (Berlim). Demonstrou a aptidão dos cegos para trabalhar na grande indústria. Seu lema foi: "Trabalho, compaixão não". (N.E.S.)

com os videntes. É desenvolvida uma forma de cooperação em que é mais fácil encontrar aplicação para o trabalho dos cegos. O segundo princípio: os cegos não se especializam numa única máquina ou em um único tipo de trabalho. Por considerações pedagógicas, passam de uma sessão mecanizada para outra, mudam de máquina porque, para participar na produção como operário consciente, é necessário possuir um fundamento politécnico geral. Não me proponho a citar, mas aconselho a leitura de algumas linhas dos escritos de Golovin em que se encontram enumeradas as máquinas nas quais trabalham os cegos: prensas, estampadoras, fresadoras, filetadoras de parafusos, perfuradoras, tornos elétricos etc. Por conseguinte, o trabalho dos cegos é completamente aplicável à grande indústria.

É a isso que, precisamente, eu me referia como o saudável e vigoroso na pedagogia especial europeia e norte-americana. É isso o que devemos assimilar em nossa escola especial. Mas cabe dizer que, em todos os países, até o momento, as conquistas são orientadas por uma ideia que, em seu fundamento, nos é profundamente estranha. Vocês conhecem a posição contrastante em que se encontra nossa educação social em relação à educação norte-americana e alemã. De acordo com a orientação geral, o emprego de uma nova técnica pedagógica também deve empreender um caminho completamente distinto, deve girar 180°. Não indicarei, agora, concretamente, o modo como se deve expressar esse caminho porque haveria que repetir as verdades evidentes da pedagogia social geral em cuja base se constrói e se afirma todo o nosso sistema de educação social. Permito-me apenas indicar que, aqui, o único princípio continua sendo a superação ou a compensação dos defeitos correspondentes, cabendo à pedagogia não tanto se orientar pela insuficiência e pela enfermidade, mas pela normalidade e saúde que se conservaram na criança.

Em que consiste nossa divergência mais radical com o Ocidente a esse respeito? Unicamente, no fato de que, lá, esses são problemas de *caridade social* e, para nós, trata-se de questões de *educação social*. Lá, é uma questão de ajuda ao inválido e de proteção social contra o delinquente e o mendigo; em nosso país, trata-se da lei geral de educação para o trabalho. É extremamente difícil erradicar a mentalidade filantrópica em relação ao inválido. Com frequência, encontram-se afirmações de que esses casos biogênicos apresentam interesse não tanto para a educação especial como para a caridade social. Nisso consiste a falsidade radical da formulação anterior do problema. A questão da educação das crianças fisicamente defectivas se encontra, até agora, em último plano, sobretudo porque, durante os primeiros anos da revolução, questões mais urgentes reclamaram nossa atenção. Agora, chegou o momento de situar amplamente esse problema no campo da atenção social.

DEFEITO E SUPERCOMPENSAÇÃO

1

Nos sistemas da psicologia em que o conceito de integralidade da personalidade é central, a ideia de supercompensação desempenha um papel dominante. *"O que não me mata, me fortalece"* – formula essa ideia W. Stern,[1] indicando que da

---

[1] Stern, William (1871-1938). Psicólogo e filósofo alemão, um dos fundadores da psicologia diferencial. L. S. Vigotski, muitas vezes, recorreu ao trabalho de Stern intitulado *Die differenzielle Psychologie in ihren methodischen Grundlagen* [*Psicologia diferencial e suas bases metodológicas*], em que se destaca o papel duplo do defeito. Segundo Stern, o desenvolvimento insuficiente de uma capacidade é recompensado pelo desenvolvimento mais forte de outra capacidade e, assim, "da fraqueza nasce a força, das insuficiências nascem as capacidades". Ao desenvolver a ideia de Stern, Vigotski escreveu que, se as crianças com defeito atingem o mesmo que as normais, isso ocorre por outra via e com outros recursos. A chave para a diversidade do desenvolvimento apresenta a lei "de transformação do menos do defeito em mais da compensação". Stern se manifestou contrário à "análise microscópica e refinada das anormalidades": as funções particulares podem se desviar da norma, mas, no geral, a personalidade pode permanecer normal, ou seja, a criança com defeito não é obrigatoriamente uma criança defectiva. Na psicologia, Stern também é conhecido graças aos estudos do problema do desenvolvimento da fala da criança. Ele indicava que, numa determinada idade, a língua se transforma em poderosa ferramenta do desenvolvimento da criança e torna possível qualquer pensamento autêntico. Stern diferenciava duas épocas no desenvolvimento da fala, dependendo do modo de emprego da língua. Ao desen-

fraqueza surge a força, das insuficiências, as capacidades (W. Stern, 1923, p. 145). A tendência psicológica amplamente divulgada e muito influente na Europa e na América, criada pela escola do psiquiatra austríaco Adler,[2] que se autodenomina

---

volver a tese de Stern sobre o papel da língua, Vigotski indicava que o emprego da palavra como ferramenta do pensamento é inacessível à criança com retardo mental. Segundo ele, o destino de todo o desenvolvimento cultural da criança depende de ela dominar ou não a palavra como uma ferramenta psicológica. Além disso, Stern estabeleceu também que a pessoa cega aumenta compensatoriamente as possibilidades do tato como resultado de exercícios de observação, avaliação e compreensão das diferenças. (N.E.R.)

[2] Adler, Alfred (1870-1937). Médico e psicólogo austríaco. Em 1902, integrou o círculo de seguidores mais próximos de Sigmund Freud. Porém, em 1911, devido a discordâncias teóricas, distanciou-se da psicanálise e criou sua própria teoria, conhecida como psicologia individual, que teve muita influência na Europa e, principalmente, nos Estados Unidos, na década de 1920 e 1930. O conceito central de compensação é interpretado por Adler como um mecanismo universal e a força motriz do desenvolvimento psíquico. Em 1907, no trabalho *O nepolnotsennosti organov* [*Sobre a insuficiência dos órgãos*], Adler desenvolveu a concepção de doença como um distúrbio no equilíbrio da relação entre órgãos e meio, que o organismo tenta compensar. Na base de toda atividade humana, segundo Adler, encontra-se o ímpeto para o aperfeiçoamento pessoal, que é realizado por meio do mecanismo da compensação do sentimento primário de insuficiência. Este é provocado, orgânica, morfológica e funcionalmente por insuficiência dos órgãos e também por fatores subjetivos, tais como a sensação de fragilidade natural etc. Isso permite analisar a infância como uma idade de insegurança e de baixa autoestima. O sentimento de inferioridade, de acordo com Adler, leva à formação de mecanismos inconscientes de compensação e de supercompensação do defeito. Ele considerava que, como o sentimento de inferioridade é próprio de cada um, logo, o defeito, que realmente existe, por si só não pré-determina, fatalmente, o destino futuro da criança e pode ser compensado no processo de educação. Este postulado conserva seu significado até hoje. L. S. Vigotski avaliava positivamente o fato de Adler, em seu estudo sobre a estrutura da personalidade, ter introduzido "uma perspectiva de futuro" muito valiosa para a psicologia. A vida da personalidade é analisada por Adler como um ímpeto de avançar, de atingir o ponto final demarcado pelas exigências do cotidiano social. Entretanto, Vigotski destacava o caráter abstrato da teoria de Adler, que reduzia a diferença entre o desenvolvimento e a educação da criança normal e anormal, apresentando o problema da elaboração de caminhos e recursos para a educação de crianças anormais. (N.E.R.)

de psicologia individual, ou seja, psicologia da personalidade, desenvolveu essa ideia num sistema completo, uma teoria acabada da psique. A supercompensação não é um fenômeno raro ou exclusivo na vida do organismo. Pode-se apresentar uma multiplicidade de exemplos dela. No mais alto grau, é um traço geral e muito amplo de processos orgânicos, relacionado às leis principais da matéria viva. É verdade que até hoje não temos uma teoria biológica completa e abrangente da supercompensação, mas, em uma série de áreas distintas da vida orgânica, esses fenômenos foram estudados tão profundamente e sua aplicação prática é tão significativa que podemos, com toda a razão, falar a respeito de supercompensação como um fato fundamental estabelecido na vida do organismo.

Aplicamos a uma criança saudável o veneno da varíola. A criança tem uma forma leve da doença e, quando se restabelece, fica protegida da varíola por muitos anos. Seu organismo adquiriu imunidade, ou seja, não apenas suportou a forma branda da doença que provocamos com a vacina, como também saiu dela mais saudável do que era antes. O organismo conseguiu desenvolver o antídoto em quantidades muito maiores do que se exigia da dose de veneno nele aplicada. Agora, se comparamos a nossa criança com outras, que não foram vacinadas, veremos que ela é supersaudável em relação a essa terrível doença: não apenas não adoece, como as outras crianças saudáveis, nem pode adoecer, permanecendo saudável, mesmo quando o veneno é aplicado novamente em sua corrente sanguínea.

Eis, à primeira vista, o processo orgânico paradoxal, denominado de supercompensação,[3] que transforma a doença

---

[3] Alguns autores utilizam o termo "transcompensação", no mesmo sentido (Nota de L. S. Vigotski).

em supersaúde, a fraqueza em força, o envenenamento em imunidade. Sua essência é a seguinte: qualquer dano ao organismo ou influência maléfica sobre ele provoca nele reações de defesa muito mais enérgicas e fortes do que as que são necessárias para impedir o perigo imediato. O organismo é um sistema de órgãos relativamente fechado, internamente interligado, e possui grandes reservas de energia, de forças ocultas. Ele age nos minutos de perigo como algo único e íntegro, mobilizando as reservas ocultas das forças acumuladas, concentrando, no local do perigo, com abundância, doses bem mais elevadas de antídoto do que a dose de veneno que o ameaça. Por essa via, o organismo não só compensa o mal que lhe foi causado, como sempre elabora um excesso, um contrapeso ao perigo, ativando seu estado de defesa bem mais do que antes do perigo surgir.

Os glóbulos brancos do sangue se dirigem em quantidade bem maior do que é necessária para superar o veneno, em direção ao local em que este penetrou. Isso é a supercompensação. Se o doente tuberculoso é tratado com aplicações de tuberculina, ou seja, do veneno tuberculoso, espera-se a supercompensação por parte do organismo. Essa não correspondência entre a irritação e a reação, a desigualdade entre a ação e a contra-ação no organismo, o excesso de antídoto, a vacina de supersaúde por meio da doença, a elevação a um estágio superior por meio da superação do perigo, são importantes para a medicina e a pedagogia, para o tratamento e a educação. Na psicologia, esse fenômeno também recebeu uma ampla aplicação, quando se deixou de estudar o psiquismo do organismo de modo isolado, como se este fosse um corpo eximido de alma, passando-se a estudá-lo no sistema do organismo, como sua função singular e superior. Verificou-se que, no sistema da personalidade, a supercompensação desempenha um papel não menos importante. Basta voltar-se para a psicotécnica contemporânea.[4] De acordo com ela, o exercício é uma função importantíssima no processo de educação da personalidade e, essencialmente, reduz-se a fenômenos de supercompensação. Adler chamou a atenção para como os órgãos deficientes, que têm o funcionamento dificultado ou complicado em decorrência de defeitos, necessariamente, entram em luta, em conflito com o mundo exterior ao qual devem se adaptar. Essa luta é acompanhada de adoecimento grave e morte, mas guarda em si elevadas possibilidades de supercompensação (Adler, 1927). Assim como no caso de adoecimento ou retirada de um dos órgãos duplos (rins, pulmões), o outro órgão do par assume as funções e se desenvolve compensatoriamente, o sistema nervoso central assume a compensação do órgão deficiente único, refinando e aperfeiçoando o trabalho dele. O aparato psíquico cria sobre esse órgão uma superestrutura psíquica das funções superiores, que facilita e eleva a efetividade de seu funcionamento.

"O sentimento de defectividade dos órgãos é para o indivíduo um estímulo permanente ao desenvolvimento de seu psiquismo" – diz Adler, citando Rühle (1926, p. 10).[5]

---

[4] Psicotécnica – tendência, na psicologia, que foca sua atenção nos problemas da atividade prática do homem em seu aspecto de aplicação concreta. Surgiu no início do século XX graças aos trabalhos dos psicólogos alemães W. Stern, H. Münsterberg e outros. Na Rússia, desenvolveu-se nos anos de 1920 e na primeira metade da década de 1930 e, posteriormente, foi anunciada como uma "pseudociência". Para a psicotécnica soviética, foi característico voltar sua atenção para os problemas da racionalização dos métodos de instrução profissional. Na literatura estrangeira contemporânea, o conceito de psicotécnica, em geral, identifica-se com a psicologia aplicada e inclui o conteúdo de diferentes áreas da psicologia do trabalho, assim como da psicologia militar, do comércio etc. Na literatura soviética, o conceito de psicotécnica é usado no contexto histórico-científico. (N.E.R.)

[5] Rühle, Otto (1874-1943). Pedagogo alemão e ativista político. Avaliava criticamente o sistema de educação pública na Alemanha, nas primeiras décadas do século XX. No entanto, seus trabalhos, praticamente, não continham propostas positivas. L. S. Vigotski menciona Rühle porque este considerava o estudo

O sentimento ou a consciência da insuficiência, que surge no indivíduo em decorrência do defeito, é a avaliação de sua posição social e se transforma na força motriz principal do desenvolvimento psíquico. A supercompensação, "ao desenvolver os fenômenos psíquicos de pressentimento e premonição, e também seus fatores ativos como a memória, as intuições, a atenção, a sensibilidade, o interesse, ou seja, todos os momentos psíquicos em grau redobrado" (Adler, 1926, p. 11), no organismo doente, leva à consciência de supersaúde, à supervalorização, à transformação do defeito em aptidão, capacidade, talento. Demóstenes,[6] que sofria de insuficiências da fala, tornou-se um orador maravilhoso da Grécia. Sobre ele contam que dominava sua grande arte, principalmente, quando exacerbava, de propósito, seu defeito natural, aumentando e multiplicando os obstáculos. Ele se exercitava na pronúncia do discurso, enchendo a boca com pedrinhas e tentando superar o barulho das ondas marítimas que abafavam sua voz. "*Se non è vero, è ben trovato*" ("Se não é verdade, é bem provável"), como diz um ditado italiano. O caminho para o aperfeiçoamento está na superação dos obstáculos; a dificuldade da função é o que a estimula. Como exemplos, podem servir também L. Beethoven,[7]

---

de S. Freud reacionário, contrapondo a ele a teoria de Adler que considerava compatível com as ideias do marxismo. (N.E.R.)

[6] Demóstenes (aproximadamente, 384 a.C.-322 a.C.). Ativista político da Grécia antiga. Na juventude, destacava-se por sua voz fraca e fala mal articulada, o que o impedia de se apresentar em público. Para correção dessas insuficiências, inventou alguns exercícios originais. Os exercícios persistentes permitiram a Demóstenes superar por completo as insuficiências em sua fala e, posteriormente, destacar-se como um dos mais notáveis oradores. (N.E.R.)

[7] Beethoven, Ludwig van (1770-1827). Compositor alemão. Na idade de 27 anos, começou a sofrer de perda de audição que progrediu com constância e resultou em surdez total. Entre 1813 e 1817, isso provocou a redução de sua atividade criadora que, no entanto, apesar do mal, foi substituída por uma

A. S. Suvorov,[8] o gago C. Desmoulins,[9] que era um orador extraordinário, a cega-surda-muda H. Keller,[10] uma escritora reconhecida que pregava o otimismo.

2

Duas circunstâncias nos obrigam a olhar com atenção especial para essa teoria. Primeiramente, ela é muitas vezes relacionada, sobretudo nos círculos da social-democracia alemã, aos estudos de Marx;[11] em segundo lugar, está internamente ligada à pedagogia, à teoria e à prática da educação. Deixaremos

---

nova inspiração: a Nona Sinfonia, reconhecida como o ápice de sua obra, foi composta um pouco antes de sua morte. (N.E.R.)

[8] Suvorov, Aleksandr Vassilievitch (1729-1800). General russo. L. S. Vigotski o cita porque se sabe que Suvorov nasceu frágil e foi muito doente durante sua infância. Seu pai, Vassili Ivanovitch Suvorov, reforçava fisicamente o organismo de seu filho com exercícios e atividades para aumentar a resistência, o que permitiu que, posteriormente, ele suportasse as provas do serviço militar. (N.E.R.)

[9] Desmoulins, Camilo (1760-1794). Advogado e jornalista francês, ativista da Grande Revolução Francesa. Editou uma série de jornais democráticos. Conhecido por seus discursos na Convenção. (N.E.R.)

[10] Keller, Helen (1880-1968). Famosa cega-surda-muda norte-americana. Ficou cega e surda com um ano e meio de idade. Sua professora Anne Sullivan, que era cega e voltou a enxergar após uma cirurgia, estudou na escola Perkins para Cegos. Keller se formou no ensino superior e obteve, posteriormente, o título de doutora em Filosofia, tornando-se ativista social dos Estados Unidos da América. No livro *Istoria moiei jizni* [*A história de minha vida*], apresenta uma análise multilateral do desenvolvimento de pessoas cegas, surdas e mudas. Ele foi editado em diferentes idiomas no mundo. Com o exemplo de Keller, Vigotski mostra o enorme papel da supercompensação e das condições educacionais favoráveis para o desenvolvimento da criança anormal. (N.E.R.)

[11] Marx, Karl (1818-1883). Filósofo, sociólogo, historiador, economista, jornalista e revolucionário socialista. Nascido na Prússia, mais tarde se tornou apátrida e passou grande parte de sua vida em Londres, no Reino Unido. A obra de Marx em economia estabeleceu uma base importante para o entendimento atual sobre o trabalho e sua relação com o capital e para o pensamento econômico posterior. Publicou vários livros durante sua vida, sendo *O Manifesto Comunista* (1848) e *O capital* (1867-1894) os mais conhecidos. (N.T.)

de lado a questão de o quanto é possível aproximar o estudo da psicologia individual do marxismo; isso exigiria, para sua resolução, uma investigação especial. Indicaremos apenas que a tentativa de síntese de Marx e Adler, as tentativas de incluir o estudo da personalidade no contexto do sistema filosófico e sociológico do materialismo dialético foram feitas e buscaremos compreender os fundamentos que instigam a aproximação de duas séries de ideias.

O surgimento de uma nova tendência, que se destacava da escola de S. Freud,[12] foi provocado pela diferença nas visões políticas e sociais dos representantes da psicanálise. O lado político, aqui, pelo visto, tinha um significado, como relata F. Wittels sobre a saída de Adler e de parte de seus seguidores do

---

[12] Freud, Sigmund (1856-1939). Médico-psiquiatra e psicólogo austríaco, criador da psicanálise. Inicialmente, ocupou-se da neuropatologia (afasia e paralisias infantis) e do tratamento da histeria por meio da hipnose. Posteriormente, elaborou um método próprio de investigação e tratamento dos distúrbios psíquicos, fundamentado no reconhecimento do papel principal dos mecanismos do inconsciente para a estruturação e atividade vital da personalidade. O conteúdo da esfera do inconsciente da psique, de acordo com Freud, define-se, principalmente, pelo conjunto de impressões da tenra infância e de inclinações naturais e desenfreadas que são oprimidas pela consciência. Mais tarde, as ideias de Freud sobre a estrutura e os mecanismos dos processos psíquicos foram ampliadas até uma teoria filosófica e culturológica que passou a ser conhecida como Freudismo (nas décadas de 1920 e 1930, esse título era atribuído à psicanálise, um conjunto de ideias psicológicas de Freud). Vigotski manifestou uma opinião contraditória em relação às ideias de Freud. O próprio fato da reconstrução revolucionária da psicologia e os estudos de mecanismos do inconsciente, não desvendados antes, Vigotski avaliava positivamente. Na introdução que escreveu em coautoria com A. R. Luria para a edição russa de uma das obras de Freud, destacou: "A descoberta de uma Nova América [...] é o mérito de Freud semelhante ao de Colombo, apesar de ele não ter conseguido compor o mapa geográfico da nova terra e colonizá-la". Ao mesmo tempo, a abordagem biologizante da psique e o fatalismo de Freud provocaram uma crítica contundente por parte de Vigotski. (N.E.R.)

círculo psicanalítico.[13] Adler e nove de seus amigos eram social-democratas. Muitos de seus seguidores gostam de destacar esse momento. "Sigmund Freud até hoje fazia de tudo para que seus estudos se tornassem úteis para os interesses do regime social dominante. Em contrapartida, em relação a isso, a psicologia individual de A. Adler tem um caráter revolucionário e suas conclusões coincidem com as conclusões da sociologia revolucionária de Marx" – diz O. Rühle (1926, p. 5), que tenta fazer uma síntese de Marx e Adler em seu trabalho sobre o psiquismo da criança proletária.

Tudo isso, como já foi dito, é discutível. Mas dois momentos que fazem essa aproximação psicologicamente possível atraem a atenção.

O primeiro é o caráter dialético da nova teoria; o segundo é a base social da psicologia da personalidade. Adler raciocina dialeticamente: o desenvolvimento da personalidade se move pela contradição; o defeito, a inadaptação e o sentimento de inferioridade não são apenas o menos, a insuficiência, uma valoração negativa, mas também o estímulo para a supercompensação. Adler formula "a principal lei psicológica sobre a transformação dialética da insuficiência orgânica em impulsos psíquicos para a compensação e supercompensação por meio do sentimento subjetivo de insuficiência" (Adler, 1927, p. 57). Com isso, ele

---

[13] Wittels, Fritz (1880-1950). Colaborou com S. Freud entre 1905 e 1910. Autor do famoso livro *Freid. Iego litchnost, utchenie i chkola* [*Freud. Sua personalidade, teoria e escola*] (1924, tradução russa, Leningrado, 1925; reeditado em 1991) – a primeira fonte científico-biográfica da psicanálise que expõe os pontos principais da teoria de Freud. Wittels foi um dos alunos de Freud que divergiu de seu professor e tinha uma posição crítica em relação a ele. O próprio Wittels dizia o seguinte sobre si mesmo: "não sou um seguidor hipnotizado, bajulador [...] mas uma testemunha crítica pensante". A primeira redação do livro (que foi traduzido para a língua russa), na medida em que se desenvolvia a psicanálise, deixou de satisfazer Wittels e a segunda edição do livro sofreu mudanças significativas. (N.E.R.)

permite incluir a psicologia no contexto dos estudos biológicos e sociais amplos, pois todo pensamento verdadeiramente científico caminha pela via dialética. C. Darwin também ensinava que a adaptação surge da inadaptação,[14] da luta, da morte e da seleção. Marx também, diferentemente do socialismo utópico, ensinava que o desenvolvimento do capitalismo leva inevitavelmente ao comunismo por meio da superação do capitalismo pela ditadura do proletariado e sem se desviar, como pode parecer numa análise superficial.[15] O estudo de Adler quer demonstrar

---

[14] Darwin, Charles Robert (1809-1882). Naturalista inglês que criou a teoria da evolução na biologia. No livro *Proisrrojdenie vidov putiom iestestvennogo otbora* [*A origem das espécies por meio da seleção natural*] ou *Sorhranenie blagopriatstvuemir porod v borbe za jizn* [A preservação de tipos favorecidas na luta pela vida] (1859), Darwin demonstrou que os tipos de plantas e animais que existem hoje se originaram de forma natural de outras espécies existentes anteriormente e que a racionalidade observada na natureza é possível graças à seleção natural de mudanças benéficas para o organismo. Darwin considerava que, na luta pela sobrevivência, persistem as formas que mais se adaptam ao meio. A influência do darwinismo na psicologia consiste na afirmação da ideia de desenvolvimento e de elaboração de um novo esquema de relações entre organismo e meio, de acordo com a qual a força motriz do desenvolvimento de um organismo vivo se encontra nas inter-relações adaptativas com o meio. Ao se referir ao estudo de Darwin, L. S. Vigotski destacava que "a biologia começou com a origem das espécies". Ele indicava que, se Darwin criou a biologia das espécies, então, I. P. Pavlov elaborou a "biologia da personalidade", demonstrando que a personalidade se forma "pelas condições externas da vida individual". No entanto, vale destacar que a aplicação direta dos princípios do darwinismo à psicologia não pode garantir a explicação suficientemente adequada dos mecanismos de formação do psiquismo. (N.E.R.)

[15] A partir dos anos de 1920, na psicologia estrangeira e soviética (por exemplo, A. B. Zalkind), foram empreendidas múltiplas tentativas de estabelecimento de paralelos, de acomodação e até de junção do marxismo com a psicologia profunda (antes de mais nada, com a psicanálise de S. Freud e também com a psicologia individual de A. Adler). L. S. Vigotski tinha uma visão geral crítica em relação a tais tentativas, mas essa crítica não tinha matizes ideológicos. Posteriormente, ao longo de décadas, os estudiosos com posições marxistas analisavam quaisquer analogias semelhantes como tentativas de deturpação do marxismo. (N.E.R.)

também como o racional e superior surgem necessariamente do irracional e inferior.

A psicologia da personalidade, como corretamente assinala Zalkind,[16] rompe definitivamente com o "estatismo biológico na abordagem do caráter", sendo "uma corrente caracterológica verdadeiramente revolucionária" (1926, p. 177), pois, ao contrário da teoria de Freud, no lugar do destino biológico, põe as forças motrizes e formadoras da história e da vida social (Zalkind, 1926, p. 177). A teoria de Adler é contrária não apenas aos esquemas biológicos de reação, de E. Kretschmer,[17] para

---

[16] Zalkind, Aron Borissovitch (1888-1936). Psiconeurologista, psicólogo e pedagogo, um dos mais proeminentes representantes da pedologia. Ao traçar paralelos entre as teses principais de Freud e a reflexologia, tentou mostrar a aproximação categorial do aparato e do objeto entre as duas teorias. Essa versão de uma síntese eclética já havia recebido uma crítica contundente por parte de L. S. Vigotski na década de 1920. Zalkind, ao criticar a maioria das teorias biológicas na psicologia de sua época, apontava para a inadmissibilidade do "estatismo biológico" em análises do desenvolvimento da criança. Zalkind denominava de abordagem zoológica da infância a redução dos processos de desenvolvimento à maturação do organismo. Em contraposição a essa visão, enfatizava as condições externas e considerava que o meio é o fator decisivo para a formação da personalidade. Esse postulado fundamentou a tendência sociogenética na pedologia. Zalkind também desenvolveu estudos sobre a defectividade moral. Até meados da década de 1920, crianças com o comportamento divergente (abandonadas, pedagogicamente negligenciadas, dificilmente educadas, entre outras) eram tidas como moralmente defectivas. Zalkind considerava errado separar as crianças em normais e moralmente defectivas, pois, para ele, o fator principal do comportamento divergente, na maioria dos casos, eram falhas do meio e da educação. A posição de Zalkind nessa questão coincidia com a de L. S. Vigotski que, em particular, destacava que a criança moralmente defectiva não é uma criança com um defeito orgânico congênito, mas uma criança com comportamento divergente. (N.E.R.)

[17] Kretschmer, Ernst (1888-1964). Psiquiatra alemão. Estudava questões da neuropatologia e psiquiatria clínica, incluindo a psiquiatria infantil e do adolescente, assim como a psicoterapia. Ficou famoso com o livro *Stroienie tela i raraktera* [*A constituição do corpo e do caráter*] (1921) em que afirma que os tipos de constituição do corpo são intimamente relacionados com determinados "círculos de temperamentos". Cada um desses círculos contém variantes

quem a constituição inata determina a constituição do corpo, do caráter e "todo o desenvolvimento do caráter humano é apenas um desdobrar passivo do tipo biológico básico que é característico do homem de forma inata" (Zalkind, 1926, p. 174), como também à caracterologia de Freud. Duas ideias separam esses dois estudiosos: a ideia de base social do desenvolvimento da personalidade e a de orientação final desse processo. A psicologia individual nega a relação impreterível do caráter e desenvolvimento psicológico da personalidade com o substrato orgânico. Toda a vida psíquica do indivíduo é a mudança de estruturas de luta direcionadas para a solução de um problema único – ocupar uma posição determinada em relação à lógica imanente da sociedade humana, às exigências da existência social. Não é o defeito que, por si só, resolve o destino da personalidade, em última instância, mas suas consequências sociais, sua realização sociopsicológica. De acordo com isso, para o psicólogo se torna impreterível o entendimento de cada ato psicológico, não apenas os relacionados com o passado, mas também com o futuro da personalidade. É isso que se pode denominar de direcionamento

---

saudáveis, intermediárias e patológicas da constituição psíquica (por exemplo, variantes esquizotímica, esquizoide e esquizofrênica) que se diferenciam apenas quantitativamente. As relações entre diferentes tipos de constituição de corpos e determinadas doenças psíquicas, destacadas por Kretschmer, não se confirmaram por completo. As peculiaridades do caráter relacionadas ao tipo de constituição do corpo, de acordo com ele, são herdadas e, não raramente, ocorre a "degeneração" das mesmas, isto é, o agravamento da constituição psíquica em direção à patologia. Kretschmer também tentou explicar as especificidades nacionais do ponto de vista da constituição caracterológica. As conclusões sociais que decorrem dessa abordagem são reconhecidas por muitos cientistas como reacionárias. Kretschmer também é conhecido por sua concepção da histeria em que claramente aparece a tendência à biologização da personalidade e a influência da psicanálise. Vigotski analisava criticamente a abordagem biologista de Kretschmer no que diz respeito aos problemas do temperamento e caráter. Ao mesmo tempo, concordava com algumas conclusões dele, particularmente, a respeito da possibilidade de superação de defeitos secundários. (N.E.R.)

final do nosso comportamento. Em sua essência, essa compreensão dos fenômenos psicológicos não apenas do passado, mas também de seu futuro, não significa nada diferente do que a exigência dialética para o entendimento dos fenômenos em seu eterno movimento, para descobrir suas tendências, seu futuro, que é determinado pelo presente. No estudo da estrutura da personalidade e do caráter, o novo entendimento introduz a perspectiva de futuro que é muito valiosa para a psicologia. Esse entendimento nos liberta dos estudos conservadores e orientados para o passado de Freud e E. Kretschmer.

Assim como a vida de qualquer organismo é direcionada pelas exigências biológicas de adaptação, a vida da personalidade é dirigida pelas exigências de sua existência social. "Não estamos em condições de pensar, sentir, querer, agir sem que diante de nós esteja algum objetivo", diz Adler (Adler, 1927, p. 2). Tanto o comportamento isolado como o desenvolvimento da personalidade como um todo podem ser compreendidos pelas tendências para o futuro neles contidas. Em outras palavras: "A vida psíquica do homem tende, como um personagem criado por um bom dramaturgo, para o seu V ato" (Adler, 1927, p. 2-3).

A perspectiva de futuro, introduzida por esse estudo de Adler para a compreensão dos processos psicológicos, aproxima-nos da pedagogia psicológico-individual como um dos dois momentos que atrelam nossa atenção ao método dele. Wittels denomina a pedagogia como o campo principal de aplicação da psicologia de Adler. Na realidade, a pedagogia para a corrente psicológica descrita, é o mesmo que a medicina para as ciências biológicas, que a técnica para as ciências físico-químicas e a política para as ciências sociais; ela, aqui, é o critério superior da verdade, pois o homem prova com a prática a verdade de suas ideias. Desde o início, fica claro porque é exatamente essa corrente psicológica que auxilia a compreender o desenvolvimento e a educação infantil: a inadaptação da infância contém, consequentemente, a fonte da supercompensação, ou seja, o desenvolvimento superestimado de funções. Quanto mais a infância está adaptada, numa determinada espécie de animal, menores são suas possibilidades potenciais de desenvolvimento e educação. O que garante a superestimação é a presença da insuficiência; por isso, as forças motrizes do desenvolvimento da criança são a inadaptação e a supercompensação. Tal entendimento nos fornece a chave para a psicologia e a pedagogia de classe social. Assim como o fluxo da corrente é determinado pelas margens e pelo leito, o fio condutor psicológico, o plano de vida da pessoa em desenvolvimento e crescimento é determinado com a objetividade necessária pelo leito social e pelas margens sociais da personalidade.

3

Para a teoria e a prática da educação da criança com defeitos de audição, de visão etc., o estudo da supercompensação tem um significado fundamental que serve de base psicológica. Que perspectivas se abrem diante do pedagogo quando ele reconhece que o defeito não é apenas o menos, uma falta, uma fragilidade, mas um *plus*, uma fonte de força e de capacidades e que nele há algum sentido positivo! Na realidade, há tempos, a psicologia ensinou isso; os pedagogos, há tempos, sabiam disso, mas apenas agora foi formulada com precisão científica a lei principal: a criança desejará ver tudo se for míope, tudo ouvir se tiver uma anomalia da audição; desejará falar se tiver dificuldades na fala ou gagueira. O desejo de voar será expresso em crianças que sentem grandes dificuldades ao pularem (Adler, 1927, p. 57). Nessa "contradição da insuficiência organicamente dada com os desejos, fantasias, sonhos, ou seja, dos ímpetos psíquicos para a compensação [...]" (Adler, 1927, p. 57) estão contidos o ponto de partida e as forças motrizes de qualquer educação. A prática educacional a cada passo comprova isso. Se ouvirmos que um menino é manco e, por isso, corre melhor do que todos, sabemos que estamos lidando com a mesma lei. Se as investigações experimentais demonstram que as reações podem transcorrer com maior velocidade e força na presença de obstáculos, comparando--se com as melhores condições nas situações normais, então, estamos lidando com a mesma lei.

A imagem suprema da personalidade humana e o entendimento de sua unidade orgânica devem estar na base da educação da criança anormal.

W. Stern que, entre outros psicólogos, com mais profundidade olhou para a estrutura da personalidade, supunha: "Não temos nenhum direito de concluir a respeito da anormalidade de uma pessoa com base numa característica definida e estabelecida de anormalidade, assim como é impossível reduzir uma determinada anormalidade da personalidade a características isoladas como o único motivo original" (Stern, 1921, p. 163-164).

Essa lei é aplicável ao corpo e ao psiquismo, à medicina e à pedagogia. Na medicina, ganha força cada vez mais o ponto de vista de acordo com o qual o único critério de saúde ou de doença é o funcionamento racional ou irracional de todo o organismo, e as unidades de anormalidades são avaliadas apenas pelo fato de serem ou não normalmente compensadas por meio de outras funções do organismo (Stern, 1921, p. 164). Na psicologia, a análise microscópica das anormalidades levou à reavaliação e à análise delas como expressões de anormalidade geral da personalidade. Se essas ideias de Stern forem aplicadas à educação, então, seria preciso recusar-se também o conceito e o termo "crianças defectivas".

T. Lipps via nisso a lei geral da atividade psíquica que denominou de lei de represamento.[18]

"Se o fenômeno psíquico é interrompido ou freado no curso natural ou, se nesse curso, entra em ação, num certo ponto, um elemento estranho, então, lá, onde ocorre a interrupção, o atraso ou a reviravolta do curso do fenômeno psíquico, acontece a inundação" (Lipps, 1907, p. 127). A energia se concentra nesse ponto, aumenta e pode superar o atraso. Ela pode fluir por caminhos marginais. "Entre muitas outras coisas está relacionada a isso a avaliação elevada do que foi perdido ou apenas afetado" (Lipps, 1907, p. 128). Nisso já está contida a ideia de supercompensação. Lipps atribuía a essa lei um significado universal. Em geral, qualquer impulso era analisado por ele como um fenômeno de inundação. Não apenas a vivência do cômico e do trágico, mas também os processos de pensamento são explicados por Lipps pelo funcionamento dessa lei. "Toda atividade racional é necessariamente realizada pelas vias do fenômeno irracional ou automático precedente", quando surge o obstáculo. É inerente à energia, no local de represamento, "a tendência para desvio em seu movimento... O objetivo que não pode ser alcançado por via direta é atingido graças à força da inundação por um desses caminhos confluentes" (Lipps, 1907, p. 274).

Apenas graças à dificuldade, ao atraso, ao obstáculo é que se torna possível o objetivo para outros processos psíquicos. O

---

[18] Lipps, Theodor (1851-1914). Filósofo e psicólogo alemão, fundador do Instituto de Psicologia de Munique. L. S. Vigotski refere-se ao trabalho de Lipps *Rukovodstvo po psirrologuii* [*Manual de psicologia*] (1907) em que foi formulada a *lei de represamento psíquico*, denominando-a de lei geral da atividade psíquica. De acordo com essa lei, a energia psíquica se concentra no local em que um obstáculo impede o fluxo dos processos psíquicos. Desse modo, forma-se uma "inundação" ou "represamento" que contribui para a ativação do processo psíquico. Na opinião de Vigotski, nessa lei está contida a ideia de compensação. (N.E.R.)

ponto de interrupção, de violação de qualquer função que atua automaticamente transforma-se em "objetivo" para outras funções, que se direcionam para esse ponto e, por isso, possuem a aparência de atividade racional. Eis porque o defeito e os desvios provocados por ele no funcionamento da personalidade tornam-se o ponto final do objetivo para o desenvolvimento das forças psíquicas do indivíduo; eis porque Adler denomina o defeito de força motriz principal do desenvolvimento e de ponto final do objetivo do plano de vida. A linha "defeito-supercompensação" é o fio condutor do desenvolvimento de crianças com defeito em alguma função ou órgão. Dessa maneira, o "objetivo" é dado *a priori* e, essencialmente, é objetivo apenas na aparência, pois, na realidade, é o motivo primeiro do desenvolvimento.

A educação de crianças com diferentes defeitos deve basear-se no fato de que, simultaneamente ao defeito, são dadas também tendências psicológicas para a direção oposta, as possibilidades compensatórias para a superação do defeito, que são exatamente as que se apresentam em primeiro plano no desenvolvimento da criança e devem ser incluídas no processo educativo como sua força motriz. Construir todo o processo educativo pela linha das tendências naturais em direção à supercompensação significa não aliviar as dificuldades que surgem do defeito, mas mobilizar todas as forças para sua compensação, apresentar apenas determinadas tarefas e na ordem em que respondam à gradação da formação de toda a personalidade sob o novo ângulo.

Que verdade libertadora para o pedagogo: sobre a função ausente, o cego desenvolve a estrutura psíquica com uma única tarefa – substituir a visão; com todos os seus meios, o surdo elabora formas para superar o isolamento e se desprende da mudez! Essas forças psíquicas, esse desejo de saúde para a plenitude social que jorra como uma fonte nessa criança, até agora, em nosso país, foram em vão, permaneceram sem utilização e não foram levadas em consideração. O defeito era analisado de maneira estática, apenas como um defeito, um menos. As forças positivas ativadas por ele ficavam à margem da educação. Os psicólogos e pedagogos não conheciam a lei de Adler sobre a contraposição de uma dada insuficiência orgânica com os impulsos psicológicos para a compensação; consideravam apenas a primeira, somente a insuficiência. Não sabiam que o defeito não é apenas a pobreza psíquica, mas também a fonte de riqueza; não apenas a fragilidade, mas a fonte da força. Pensavam que o desenvolvimento da criança cega é direcionado para a cegueira. Na verdade, ele é direcionado para a superação da cegueira. A psicologia da cegueira é essencialmente a da superação da cegueira.

Provavelmente, o conceito de psicologia do defeito serviu de motivo para o fracasso da educação tradicional de crianças cegas e surdas. O entendimento anterior do defeito como apenas uma insuficiência se assemelha à situação em que, ao aplicar a vacina de varíola numa criança saudável, dizemos a ela que estamos aplicando-lhe doença. Na realidade, aplica-se supersaúde. O mais importante é que a educação se apoia não apenas em forças naturais do desenvolvimento, mas também no ponto final do objetivo para o qual deve ser orientada. A plenitude social é o ponto final do objetivo da educação, pois todos os processos de supercompensação se direcionam para a conquista da posição social. A compensação não caminha em direção ao desvio da norma, mesmo que seja num sentido positivo, mas para um desenvolvimento supernormal, unilateralmente disforme e hipertrofiado da personalidade, porém em direção à norma, em direção à aproximação de um determinado tipo social. A norma da supercompensação é um determinado tipo social de personalidade. Na criança surda-muda, aparentemente isolada do mundo, excluída de todas as relações sociais, encontraremos não a diminuição, mas o aumento do instinto social, da vontade para a vida social, o anseio por relações de convivência. Sua capacidade psicológica para a fala é inversamente proporcional à sua capacidade física de falar. Pode parecer um paradoxo, mas a criança surda tem mais desejo de falar e mais atração pela fala do que a normal. Nossa instrução ignorava isso e as pessoas surdas sem qualquer educação, a despeito disso, desenvolviam e formavam sua língua que surgia devido a essa atração. Aqui, há algo para o psicólogo pensar. Nisso está o motivo de nosso insucesso no desenvolvimento da fala oral em surdos-mudos. Da mesma forma, a criança cega possui uma capacidade elevada para o domínio do espaço, uma atração maior pelo mundo – dadas a nós sem esforço e graças à visão – em comparação com uma criança vidente. O defeito não é apenas fragilidade, mas também força. Nessa verdade psicológica encontra-se o alfa e o ômega da educação social das crianças com defeito.

4

As ideias de T. Lipps, W. Stern, A. Adler contêm o núcleo saudável da psicologia da educação das crianças com defeito. No entanto, essas ideias estão envolvidas por certa obscuridade e, para dominá-las por completo, é preciso esclarecer com precisão sua relação com outras teorias e visões psicológicas próximas delas pela forma ou pelo espírito.

Primeiramente, surge facilmente a desconfiança de que essas ideias não se originam de um otimismo científico. Se, juntamente com o defeito, estão dadas as forças para sua superação, então, qualquer defeito é uma benção. E não é assim? Mas a supercompensação é apenas o ponto de um dos dois resultados possíveis desse processo, um dos dois polos do desenvolvimento agravado pelo defeito. Outro polo é o fracasso da compensação, a fuga para a doença, a neurose, a total insociabilidade da posição psicológica. A compensação fracassada se transforma, com o auxílio da doença, numa luta defensiva para um objetivo fictício que direciona todo o plano de vida por um caminho falso. Entre esses dois polos, em casos extremos, estão todos os possíveis graus de compensação – desde os mínimos aos máximos.

Em segundo lugar, essas ideias são fáceis de mesclar com outras de sentido frontalmente opostos e verificar nelas a regressão profunda à avaliação cristã-mística do defeito e do sofrimento. Será que, junto às ideias indicadas e à supervaloração da doença em prejuízo da saúde, não há também o reconhecimento da vantagem do sofrimento, isto é, o cultivo de formas frágeis, pobres, impotentes de vidas em prejuízo das formas valiosas, potentes? Não, o novo estudo não avalia positivamente o sofrimento em si, mas sua superação; não a submissão ao defeito, mas a revolta contra ele; não a fragilidade em si, mas os impulsos e as fontes das forças nela contidas. Por isso, é diametralmente contrário às ideias cristãs sobre as enfermidades. Não é a pobreza, mas a riqueza potencial do espírito, a pobreza como impulso para sua superação e a acumulação que se denomina de benção. O ideal de força e de potência aproxima Adler e F. Nietzsche.[19] Esse último apresenta a psicologia individual como vontade de poder, de força como impulso primeiro. O estudo da plenitude social como ponto final da supercompensação separa, do mesmo

---

[19] Nietzsche, Friedrich (1844-1900). Filósofo e poeta alemão, um dos fundadores da *filosofia da vida*. No centro das construções filosóficas de Nietzsche, encontra-se o estudo sobre "a vontade de poder" como algo inerente a todo ser vivo em função da atração pela autoafirmação. A imagem, cultivada por Nietzsche, de um "super-homem", livre das normas morais, serviu de fonte ideológica para o fascismo germânico, o que, por longos anos, determinou uma avaliação negativa de seus pontos de vista pelos cientistas soviéticos e apenas agora está sendo submetida a uma revisão. (N.E.R.)

modo e precisamente, a psicologia de ideal cristão de fragilidade do culto nietzschiano de força individual.

Em terceiro lugar, é necessário separar o estudo da supercompensação do defeito da velha teoria biológica ingênua de compensação de órgãos ou, dito de outro modo, da teoria vicariante dos órgãos dos sentidos.[20] Indubitavelmente, nela já estava contida a primeira pressuposição científica da verdade segundo a qual a ausência de uma função fornece o impulso para o desenvolvimento de outras, que passam a ocupar seu lugar. Mas essa pressuposição é expressa de modo ingênuo e distorcido. As relações entre os órgãos dos sentidos se equiparam às relações entre os órgãos pares; o tato e a audição parecem compensar diretamente a visão ausente, assim como um rim sadio, o doente; a insuficiência orgânica é coberta, mecanicamente, pelo *plus* orgânico e permanece pouco esclarecido o que leva o ouvido e a pele à compensação; nesse saltar por todas as instâncias sociopsicológicas a ausência de visão não atinge as realizações vitais necessárias. A prática e a ciência há muito desmascararam a inconsistência dessa visão. A investigação, de fato, demonstrou que, na criança cega, não ocorre a elevação automática do tato ou da audição em decorrência da visão ausente (Bürklen, K., 1924). Ao contrário, não é a visão que é substituída, mas as dificuldades que surgem devido à sua ausência são resolvidas por meio do desenvolvimento da

---

[20] De acordo com essa teoria, a vicariância dos sentidos significa substituição das sensações, ou seja, a substituição de uma categoria de sensações por outra. Por exemplo, o tato substituiria visão nos nascidos cegos; os míopes poderiam ter uma audição muito desenvolvida. L. S. Vigotski rechaça a possibilidade de compensação do defeito por meio da acuidade orgânica de outros órgãos e comprova a inconsistência prática e científica de tal abordagem. Segundo Vigotski, a compensação se realiza por meio da familiarização da criança com defeito com a experiência social no processo psicológico e pedagógico especial de trabalho. (N.E.R.)

estrutura psíquica. Assim, deparamo-nos com a ideia a respeito da memória, da atenção e das capacidades de fala elevadas nos cegos. É exatamente nisso que A. Petzelt,[21] a quem pertence o melhor trabalho sobre a psicologia dos cegos (Petzelt, 1925), vê o traço principal da supercompensação. O mais característico para a personalidade do cego, supunha ele, é a possibilidade de, por meio da fala, assimilar a experiência social dos videntes. H. Griesbach demonstrou que o dogma da vicariância das sensações não suportou a crítica e o "cego se aproximou tanto da sociedade dos videntes,[22] quanto foi afastado dela pela teoria da vicariância" (Petzelt, 1925, p. 30-31). A semente da verdade realmente existe nessa teoria; ela consiste na compreensão de que todo defeito não se limita à ausência isolada de uma das funções, mas acarreta uma reestruturação radical da personalidade e induz à vida novas forças psíquicas, dá-lhes novo direcionamento. Apenas a ideia ingênua a respeito da natureza puramente orgânica da compensação, apenas a ignorância do momento sociopsicológico nesse processo, o desconhecimento do direcionamento final e da natureza geral da supercompensação separam o velho estudo do novo.

Em quarto lugar, finalmente, é preciso estabelecer a relação verdadeira entre o estudo de Adler e a pedagogia social-

---

[21] Alfred Petzeld (1886-1967). Foi um educador alemão. Vigotski concordava com a ideia de Petzeld sobre as possibilidades amplas do desenvolvimento da pessoa cega em condições de uma educação correta. Ao avaliar o livro de Petzeld como o melhor entre os que tratavam da psicologia dos cegos, Vigotski concordava com a tese de que a orientação principal e determinante da compensação da cegueira ("sua superação") é o domínio da fala, é a relação social. (N.E.S.)

[22] Griesbach, Hermann Adolf (1886-1967). Cientista alemão. Publicou numerosos artigos na área da saúde escolar (higiene escolar), bem como da saúde e segurança no trabalho (higiene industrial). Em 1900, fundou a Associação Geral Alemã de Saúde Escolar. Isso foi seguido pelo estabelecimento de duas revistas. Em 1919, Hermann Griesbach assumiu o cargo de professor na Universidade de Giessen. (N.T.)

-terapêutica soviética que está se formando nos últimos anos e que foi construída sobre dados da reflexologia. A separação dessas duas abordagens conduz ao fato de que o estudo dos reflexos condicionais oferece a base científica para a construção do próprio mecanismo do processo educacional; o estudo da supercompensação fornece a base para o entendimento do processo de desenvolvimento da criança. Muitos autores, inclusive eu, analisavam a instrução de cegos ou de surdos do ponto de vista dos reflexos condicionais e chegavam a uma conclusão profundamente importante: não há nenhuma diferença precípua entre a educação da criança vidente e da cega; as novas ligações condicionais são estabelecidas da mesma forma para qualquer estímulo; a influência das ações externas organizadas é a força determinante da educação. Uma escola inteira, sob a orientação de I. A. Sokolianski,[23] está elaborando uma nova metodologia de ensino da fala para as pessoas surdas-mudas e, com base nesse estudo, é que são

---

[23] Sokolianski, Ivan Afanassievitch (1899-1960). Defectólogo, fundador da pedagogia do surdo russa e soviética. Em 1923, organizou em Rarkov uma escola-clínica para crianças surdas-mudas onde seguiu os princípios do sistema de educação e instrução de crianças sem visão e sem audição criado por ele. O objetivo da formação e desenvolvimento da psique em condições de relações de convivência limitadas e de insuficiência sensória permitiu a Sokolianski se aproximar da questão da estruturação da psique humana. Além disso, Sokolianski é famoso por sua contribuição para o problema da instrução de crianças surdas. Com base nos estudos dos reflexos condicionais, de I. P. Pavlov, Sokolianski criou o "método de encadeamento", que pressupõe o ensino da fala com as sensações visuais de representações das palavras nos lábios do falante e escritas na lousa, como também com as sensações motoras da mão ao escrever. Nas crianças eram formadas "cadeias" de reflexos condicionais para "palavras-instrução" que fundamentavam a leitura labial das "frases-instrução". O objetivo era mergulhar o surdo-cego na fala lógica e por isso lhe era apresentada uma frase com sentido que era vivenciada por ele, imperceptivelmente. Segundo Vigotski, "o mecanicismo, a reflexividade eram as peculiaridades desse método", destacando que a esse método pertencia o futuro, pois ele se orienta pelo princípio de uma fala lógica e coerente. (N.E.R.)

alcançados resultados práticos e teses teóricas impressionantes que antecipam a estruturação da própria pedagogia progressista europeia para surdos. Mas não é aceitável se limitar a isso. Não se pode supor que, teoricamente, elimina-se qualquer diferença entre a educação da criança cega, surda e normal. Não se pode porque, na realidade, essa diferença existe e dá sinais de sua existência. Toda a experiência histórica da pedagogia do surdo e da tiflopedagogia fala disso. É necessário ainda levar em consideração as especificidades do desenvolvimento da criança com defeito. O educador deve saber onde se enraíza a especificidade da pedagogia especial, quais fatos no desenvolvimento da criança respondem a essa especificidade e a exigem. É verdade que a criança cega ou surda, do ponto de vista da pedagogia, a princípio, pode ser equiparada à normal, mas alcança de outra forma, por outra via, por outros meios, o que uma criança normal alcança. Para o pedagogo, é muito importante saber exatamente essa especificidade da via pela qual deve conduzir a criança. A biografia do cego não se assemelha à biografia do vidente; é impossível admitir que a cegueira não provoque uma especificidade profunda em toda a linha do desenvolvimento.

Essencialmente, o caráter final dos atos psicológicos e seu direcionamento para o futuro já se apresentam nas formas mais elementares de comportamento. Nas formas simples de comportamento com as quais lida a escola de I. P. Pavlov,[24] ao

---

[24] Pavlov, Ivan Petrovitch (1849-1936). Famoso fisiologista russo e soviético. As descobertas de Pavlov foram importantes não apenas para a fisiologia e a medicina, mas também para a psicologia e a pedagogia. Vigotski, principalmente no início de sua trajetória profissional no campo da defectologia, referiu-se inúmeras vezes às ideias de Pavlov (por exemplo, o emprego do conceito pavloviano "reflexo de objetivo", na análise do problema da compensação). Vigotski foi um dos primeiros psicólogos e defectólogos que destacou o valor dos estudos de Pavlov como base materialista da psicologia. (N.E.S.)

estudar o mecanismo de reflexos condicionais, está a marca do objetivo final do comportamento. Entre os reflexos inatos, Pavlov distingue o reflexo específico de objetivo. Com essa denominação contraditória ele, provavelmente, quer indicar dois momentos: 1. que também estamos lidando com um mecanismo reflexo; 2. que esse mecanismo adquire a aparência de uma atividade racional, isto é, torna-se inteligível ao se relacionar com o futuro. Diz Pavlov: "Toda a vida é a realização de um objetivo, exatamente a proteção da própria vida..." (1951, p. 308). Ele mesmo denomina esse reflexo de reflexo da vida. "Toda a vida, todos os seus aperfeiçoamentos, toda a sua cultura se fazem pelo reflexo de objetivo, fazem-se apenas pelas pessoas que se movem em direção a determinado objetivo de vida apresentado pelas próprias pessoas a si mesmas" (Pavlov, 1951, p. 310). Pavlov formula exatamente o significado desse reflexo para a educação; suas ideias coincidem com o estudo da compensação. Diz ele:

> Para a manifestação completa, correta, frutífera do reflexo de objetivo, exige-se certa tensão. Um anglo-saxão é a encarnação suprema desse reflexo, sabe bem disso e eis porque, à pergunta qual é a principal condição para o alcance do objetivo, ele responde de forma inesperada, inusitada para o olho e o ouvido russo: 'a existência de obstáculos'. Parece dizer: 'Deixe que se esforce o meu reflexo de objetivo em resposta aos obstáculos; então, atingirei o objetivo, por mais difícil que seja o seu alcance'. O interessante é que, na resposta, é totalmente ignorada a impossibilidade de alcance do objetivo (Pavlov, 1951, p. 311).

Pavlov lamentava que, em nosso país, "estão ausentes os conhecimentos práticos relacionados a esse fator tão importante da vida que é o reflexo de objetivo. Esses conhecimentos são tão necessários nos campos da vida, a começar pelo campo principal que é a educação" (Pavlov, 1951, p. 311-312).

C. Sherrington diz o mesmo sobre o reflexo.[25] Em sua opinião, a reação reflexa não pode realmente ser compreendida por um fisiologista sem o conhecimento de seu objetivo, mas ele pode conhecer o objetivo apenas ao analisar a reação à luz do complexo orgânico das funções normais como um todo. Isso é o que permite a síntese das duas teorias psicológicas. Diz Zalkind: "A posição estratégica dos adleristas é a predominante não apenas nas formulações fisiológicas gerais como também nas formulações clínicas e psicoterapêuticas" (1925, p. VI).[26] O autor vê na coincidência teórica e prática desses dois estudos a "correção do caminho principal" que eles seguem (Zalkind, 1925, p. VI).

Os estudos experimentais a que nos referimos acima demonstram que a reação pode ganhar força e velocidade com a presença de excitações que constituam um obstáculo e se oponham a ela e podem ser analisados, concomitantemente, como fenômenos predominantes e de supercompensação. L. L. Vassiliev e eu descrevemos esses fenômenos sob o título de processos dominantes (Berrterev, V.,[27] Vassiliev, L. L., 1926;

---

[25] Sherrington, Charles Scott (1859-1952). Fisiologista inglês, fundador de famosa escola de neurofisiologistas (R. Granit, R. Magnus, entre outros). Suas obras principais são sobre a fisiologia do sistema nervoso central. Têm um significado especial seus estudos sobre as leis da atividade reflexa da medula espinhal. (N.E.R.)

[26] Referência ao livro de Berrterev, V. M. *Novoie v refleksologuii i fiziologuii nervnoi sistemi* [*O novo na reflexologia e na fisiologia do sistema nervoso*]. L., M., 1925-1929. (N.T.)

[27] Berrterev, Vladimir Mirrailovitch (1857-1927). Cientista russo e soviético, neuropatologista, psiquiatra, especialista no campo da morfologia, histologia, anatomia e fisiologia do cérebro, psicólogo e pedagogo, criador da psicologia objetiva (1907-1910) e reflexologia (1918) como ciência da personalidade humana, estudada rigorosamente do ponto de vista objetivo, biossocial. A tarefa da reflexologia – "estudo da atividade correspondente da pessoa sob a qual subentende-se peculiaridades externas de suas ações, suas mímicas e gestos, vozes e falas como conjunto de signos em correlação com as influências externas

Vigotski, L.S., 1982).[28] V. P. Protopopov demonstrou que,[29] por sua alta estabilidade e intensidade, as reações de concentração "somático-defectivas superam as normais" (1925, p. 26); ele explica isso com as peculiaridades do processo dominante. Isso significa que o potencial da supercompensação nas pessoas defectivas é superior.

Não se pode analisar questões da educação sem a perspectiva do futuro. A respeito disso falam as conclusões a que essa análise nos conduz, inevitavelmente. Assim, I. A. Sokolianski chega a uma conclusão paradoxal: a educação dos cegos-surdos-mudos é mais fácil do que a educação dos surdos-mudos, a dos surdos-mudos é mais fácil do que a dos cegos; a dos cegos é mais fácil do que a dos normais. De acordo com a complexidade e a dificuldade do processo pedagógico, estabelece-se exatamente tal sequência. Ele vê nisso a consequência direta da aplicação da reflexologia à revisão dos pontos de vista sobre a defectividade. Diz Sokolianski: "Isso não é um paradoxo, mas uma conclusão natural a partir de novos pontos de vista sobre a natureza do homem e a essência da fala" (no livro *Ukrainski*

---

físicas, biológicas e sociais, e também as internas que as circunscrevem" (*Obschie osnovi refleksologuii tcheloveka* [*Fundamentos gerais da reflexologia da pessoa*]). (N.E.R.)

[28] Vassiliev, Leonid Leonidovitch (1891-1966). Fisiologista russo e soviético. Vassiliev estudou de que forma a teoria da dominante pode ser aplicada à compreensão dos processos complexos da atividade de trabalho do ser humano. (N.E.R.)

[29] Protopopov, Viktor Pavlovitch (1880-1957). Psiquiatra e fisiologista russo-soviético, estudioso da atividade nervosa superior. Sua atividade científica tinha como direcionamento o estudo dos processos psicossomáticos. Protopopov desenvolveu a fisiopatologia na psiquiatria, em particular, na área da patogênese da esquizofrenia e da psicose maníaco-depressiva. Os estudos de Protopopov, no campo da fisiologia, contribuíram para a implementação na psiquiatria do estudo de I. P. Pavlov e V.P. Berrterev sobre a atividade nervosa superior. (N.E.R.)

visnik refleksologuii..., 1926). Protopopov também conclui desses estudos que, no cego-surdo-mudo, "estabelece-se, com extrema facilidade, a possibilidade de convivência social" (1925, p. 10).

O que essas teses psicológicas podem oferecer à pedagogia? É evidente que qualquer comparação entre a educação da criança cega-surda-muda e a normal, por sua dificuldade e complexidade, só é efetiva quando estamos lidando com as mesmas tarefas pedagógicas, realizadas em diferentes condições (criança normal e defectiva); apenas a tarefa geral, o nível único das conquistas pedagógicas pode servir de medida comum da dificuldade de educação nos dois casos. É tolice perguntar se é mais difícil ensinar a tabuada de multiplicação a uma criança competente de 8 anos ou ensinar matemática superior ao estudante repetente. A facilidade no primeiro caso não é determinada pelas capacidades, mas pela facilidade da tarefa. É mais fácil ensinar o cego-surdo-mudo porque o nível de seu desenvolvimento, as exigências relativas a seu desenvolvimento e as tarefas da educação que se pretende alcançar são mínimas. Se quisermos ensinar a uma criança normal esse mesmo mínimo, dificilmente alguém irá afirmar que isso exigirá mais esforço. Ao contrário, se apresentamos ao educador do cego-surdo-mudo tarefas tão volumosas quanto as que fazem parte do trabalho do educador da criança normal, dificilmente alguém aceitaria realizá-las com menor esforço ou quiçá realizá-las. Quem é mais fácil formar como uma unidade social de operário, de administrador, de jornalista: a criança normal ou a cega-surda-muda? Dificilmente, pode-se dar mais de uma resposta a essa pergunta. No cego-surdo-mudo, estabelece-se, com extrema facilidade, a possibilidade de convivência social, como diz Protopopov, mas apenas em medidas mínimas. O clube de surdos-mudos e o internato de cegos-surdos-mudos nunca serão centros de vida social. Ou, então, será preciso que provem, primeiramente, que é mais fácil ensinar um cego-surdo-mudo a ler jornal e a conviver socialmente do que uma pessoa normal. Essas conclusões surgem, necessariamente, quando analisamos apenas a mecânica da educação sem levar em conta a linha do desenvolvimento da própria criança e suas perspectivas.

O trabalho da supercompensação é definido por dois momentos: de um lado, pela amplitude, pelo tamanho da inadaptação da criança, pelo ângulo de divergência entre seu comportamento e as exigências sociais apresentadas à sua educação e, de outro, pelo fundo compensatório, pela riqueza e diversidade de funções. Nas crianças cegas-surdas-mudas, esse fundo é extremamente pobre; sua inadaptação é extremamente grande. Por isso, não é mais fácil, mas incomensuravelmente mais difícil a educação do cego-surdo-mudo do que da criança normal, caso se deseje ter os mesmos resultados. Contudo, o que permanece e tem um significado decisivo no resultado final, com todas essas limitações para a educação, é a possibilidade de plenitude e superestima social para as crianças com defeitos. Isso é alcançado raramente, mas a própria possibilidade dessa supercompensação bem-sucedida, assim como o farol, aponta o caminho para a nossa educação.

Pensar que qualquer defeito será necessariamente compensado de modo bem-sucedido é tão ingênuo como pensar que qualquer doença, inevitavelmente, termina com a cura. Precisamos, antes de mais nada, de um olhar lúcido e um realismo na avaliação. Sabemos que as tarefas da supercompensação dos defeitos como cegueira e surdez são enormes e que o fundo compensatório é pobre e escasso. O caminho para o desenvolvimento é extremamente difícil e, por isso, é muito mais importante saber a direção correta. Na verdade, Sokolianski leva isso em consideração e, como consequência, obteve grandes êxitos em seu sistema. Para seu método não é tão importante o paradoxo teórico, mas sua maravilhosa estrutura prática e condicional na educação. Com seu método, diz ele, não é apenas a mímica que se torna obsoleta, mas as crianças não a utilizam por iniciativa própria. Ao contrário, a fala oral se torna para elas uma necessidade fisiológica insuperável (no livro: *Ukrainski vistnik refleksologuii...*, 1926).[30] Isso é algo de que nenhuma metodologia no mundo pode se vangloriar e é a chave para a educação dos surdos-mudos. Se a fala oral se transforma em necessidade, eliminando a mímica nas crianças, então o ensino está direcionado pela linha da supercompensação natural da surdez, pela linha dos interesses infantis e não contra eles.

A educação tradicional da fala oral, assim como a roda dentada gasta, não abrangia *todo o mecanismo das forças e impulsos naturais da criança, não punha em movimento* a atividade compensatória interna, girando em falso. A fala oral, incutida nos alunos com a rigidez clássica, transformava-se em língua oficial para os surdos; todos os esforços da técnica submergiam na mímica. Mas a tarefa da educação se reduzia apenas a dominar essas forças internas de desenvolvimento. Se o método do encadeamento de Sokolianski propiciou isso, significa que, na prática, ele leva em conta as forças da supercompensação e começa a dominá-las. Os êxitos obtidos no início não são indicadores corretos da serventia do método: essa questão da técnica e seu aperfeiçoamento, no final, é uma questão de sucesso prático. Apenas um fato tem um significado importante: a necessidade fisiológica da fala. Encontrado o segredo para criar a necessidade, ou seja, para estabelecer um objetivo, então, teremos a própria fala.

---

[30] Referência a SOKOLIANSKI, I. A. *Pro tak zvana tchitania s gub glurronemimi* [Sobre a leitura labial dos surdos-mudos]. In: *Ukrainski vestnik refleksologuii e eksperimentalnoi pedagogiki* [*Mensageiro ucraniano de reflexologia e pedagogia experimental*] Rarkov, 1926, n.2.

Para a tiflopedagogia, o mesmo sentido e valor tem a tese de Petzeld: a possibilidade de conhecimento para o cego é a possibilidade de saber tudo, sua compreensão é, fundamentalmente, a possibilidade de conhecimento de tudo (Petzelt, 1925). O autor vê uma peculiaridade caracterológica na psicologia do cego e na estrutura de sua personalidade não apenas na limitação espacial incomum, mas no domínio completo da fala. A personalidade do cego se forma na luta entre essas duas forças. O quanto essa tese será posta em prática, em quais dimensões e em que prazos será realizada é uma questão da pedagogia prática que depende de muitas circunstâncias. Até mesmo crianças normais, com frequência, não realizam, ao longo do processo de educação, todas ou até mesmo uma grande parte de suas possibilidades. Será que uma criança proletária atinge o nível de desenvolvimento que poderia atingir? É assim também nos cegos. Mas, para uma estruturação correta até mesmo de um plano educacional simples, é extremamente importante eliminar as fronteiras limitantes que parecem ser apresentadas pela própria natureza ao desenvolvimento especial dessa criança. É importante que a educação tome em suas mãos o rumo em direção à plenitude social e a considere como um ponto real e determinante, não se alimentando da ideia de condenação do cego à incompletude.

Concluindo, deteremo-nos em um exemplo. Apesar de a crítica científica, nos últimos tempos, ter trabalhado intensamente para destruir a lenda sobre H. Keller, seu destino esclarece melhor que qualquer outra coisa toda a marcha das ideias aqui desenvolvidas. Um dos psicólogos notou com razão que, se Keller não fosse cega-surda-muda, nunca teria se desenvolvido e tido a influência e fama que o destino lhe reservou. Como entender isso? Primeiramente, isso significa que seus defeitos sérios provocaram forças enormes de supercompensação para a vida. Mas isso ainda não é tudo: seu fundo compensatório era extremamente pobre. Em segundo lugar, isso significa que, se não fosse a feliz confluência das circunstâncias que transformaram o defeito em *plus* sociais, ela permaneceria pouco desenvolvida e seria apenas uma pequeno-burguesa imperceptível na América provinciana. Contudo, H. Keller se transformou numa sensação, tornou-se o centro da atenção da sociedade, transformou-se numa personalidade, numa heroína nacional, num milagre de Deus para meio milhão de pequenos-burgueses americanos; tornou-se orgulho do povo, fetiche. Seu defeito se tornou socialmente vantajoso para ela, não criou sentimento de inferioridade. Ela foi cercada de luxo e glória, até mesmo navios especiais foram postos à sua disposição para excursões formativas. Sua educação se transformou em assunto de todo o país. Apresentaram-lhe enormes exigências sociais: queriam vê-la como doutora, como escritora, como profeta – e ela foi tudo isso. Agora, é quase impossível distinguir o que pertence realmente a ela e o que foi feito para ela por encomenda da sociedade pequeno-burguesa. Esse fato demonstra o papel desempenhado pela demanda social em sua educação. A própria Keller escreveu que, se tivesse nascido em outro meio, permaneceria para sempre na escuridão e sua vida seria um deserto, isolada de qualquer convivência social com o mundo externo (1910). Em sua história, todos perceberam a prova viva da força independente e da vida do espírito enclausurado na masmorra corporal. Até mesmo com as "influências externas ideais sobre Helen – escreveu um autor – não veríamos seu raro livro se seu espírito vivo, potente, apesar de enclausurado, não desejasse incontrolavelmente ir ao encontro da influência externa" (Keller, 1920, p. 8).[31] Ao entender que a cegueira, a surdez

---

[31] L. S. Vigotski se refere ao prefácio de M. V. Bogdanov-Berezovski para a edição russa do livro da cego-surdo-muda H. Keller *Optimizm* [*Otimismo*]. Bogdanov-Berezovitch, Mirrail Valerianovitch (1867-1921). Otorrinolaringologista russo. Ocupou-se da popularização das tarefas e dos objetivos da Curadoria

e a mudez não são apenas a soma de dois componentes, sendo a "essência do conceito de cego-surdo-mudo mais profunda" (Keller, 1920, p. 6), o autor vê essa essência no entendimento religioso-espiritualista de sua história. Entretanto, a vida de H. Keller não contém nada de misterioso. Ela evidencia que o processo de supercompensação é determinado por completo por duas forças: exigências sociais apresentadas ao desenvolvimento e à educação e forças conservadas do psiquismo. A demanda social excessivamente elevada apresentada ao desenvolvimento de H. Keller e a feliz realização social em condições de defeito definiram seu destino. Seu defeito não só não se transformou em freio como se tornou impulso e garantiu o desenvolvimento. Eis porque está certo Adler quando aconselha analisar todo ato em sua relação com o plano de vida único e seu objetivo final (Adler, 1927). I. Kant supunha,[32] diz A. Neier,[33] que entenderemos o organismo se o analisarmos como máquina racionalmente construída; Adler aconselha analisar o indivíduo como uma tendência encarnada para o desenvolvimento.

***

Na educação tradicional das crianças com defeitos no psiquismo não há um grão de estoicismo. Ele está enfraquecido pelas tendências à piedade e filantropia, envenenado pela peço-

---

Beneficente Russa de Surdos-mudos, fundada no fim do século XIX. Era redator da revista *Vestnik popetchitelstva o glurronemir* [*Mensageiro da assistência aos surdos-mudos*], em que se discutiam questões sobre o ensino e a educação de surdos na Rússia e no exterior. Em seu livro *Polojenie glurronemir v Rossii* [*A situação dos surdos-mudos na Rússia*] (1901), Bogdanov-Berezovski caracteriza a pedagogia russa para surdos daquela época. (N.E.R.)

[32] Immanuel Kant (1724-1804). Filósofo alemão, idealizador da *filosofia clássica alemã*. (N.E.R.)
[33] A. Neier (?). Sem informações a respeito do autor citado. (N.T.)

nha do adoecimento e da fraqueza. Nossa educação é insossa, não atinge o aluno pela vivacidade; é uma educação sem sal. Precisamos de ideias fortalecedoras e corajosas. Nosso ideal não é cobrir a ferida com algodão e protegê-la de todas as formas, mas abrir-lhe um amplo caminho para a supercompensação e superação do defeito. Para isso, precisamos dominar a direção social desses processos. Contudo, na fundamentação psicológica da educação, estamos começando a perder o limiar entre a educação do animal e a do filhote humano, entre o adestramento e a verdadeira educação. Voltaire brincava que,[34] após ler J. J. Rousseau,[35] teve vontade de andar de quatro. O mesmo sentimento desperta quase toda a nossa ciência sobre a criança: ela com frequência analisa a criança de quatro. Isso é tão ex-

---

[34] Voltaire (pseudônimo; o verdadeiro nome e sobrenome eram François-Marie Arouet) (1694 -1778). Escritor, filósofo e historiador francês. Os ensaios filosóficos *Zadig ou O Destino* (1748), *Micrômegas* (1752), *Cândido ou o otimismo* (1759) e outros contêm crítica aos costumes sociais, sátira à Igreja, aos juízes, ao poder dos reis. Ao mesmo tempo, Voltaire não perdeu a crença na possibilidade de mudança do mundo e conclamou todos e cada um a "cultivar o nosso jardim". No ensaio *O ingênuo* (1767), Voltaire critica os pecados da civilização do ponto de vista do homem natural e não conclama, ao contrário de J. J. Rousseau, à simplicidade perdida, mas deposita esperanças no progresso social. (N.E.R.)

[35] Rousseau, Jean-Jacques (1712-1778). Filósofo-pensador, escritor, pedagogo francês. Partia da tese sobre a natureza boa do homem que a cultura e a civilização corrompem. Rousseau prevenia contra a intromissão precoce no processo natural de desenvolvimento dos ímpetos, sentimentos e razão naturais da criança. A ideia de contrapor "o homem natural" à corrupção da sociedade civilizada foi aceita por Voltaire que, no entanto, não idealizava o ser humano em seu estado natural puro e considerava que apenas o acesso à verdadeira cultura cria o homem. De acordo com L. S.Vigotski, o desenvolvimento psíquico, inclusive da criança defectiva, é um processo de transformação estrutural de formas naturais, elementares e primitivas do comportamento e do psiquismo em superiores, culturais. Esse processo transcorre por via de assimilação do conteúdo da experiência social, dos meios e formas de comportamento e pensamento criados pela humanidade no processo de desenvolvimento histórico. (N.E.R.)

traordinário que P. P. Blonski reconhece:[36] "Eu gosto muito de colocar a criança banguela na pose do animal de quatro patas: a mim, pessoalmente, isso diz muito" (1925, p. 97). Na verdade, a ciência conhece a criança apenas nessa pose. A. B. Zalkind chama isso de abordagem zoológica da infância (1926). Não há o que discutir: essa abordagem é muito importante; estudar o ser humano como uma das espécies animais, como um mamífero superior, é muito importante. Mas isso não é tudo e até mesmo não é o mais importante para a teoria e a prática da educação. S. L. Frank dá continuidade à brincadeira simbólica de Voltaire e diz que,[37] ao contrário de Rousseau, a natureza de Goethe "não nega, mas exige diretamente a posição vertical do ser humano;[38] ela não o chama para trás, para a simplificação e

---

[36] Blonski, Pavel Petrovitch (1884-1941). Psicólogo e pedagogo russo-soviético, um dos mais notáveis representantes da pedologia. Analisava a psicologia como uma ciência do comportamento dos seres vivos, animais e ser humano, recorrendo, frequentemente, a analogias artificiais (*Otcherk nautchnoi psirrologuii* [*Ensaio sobre a psicologia científica*], 1921). É mais conhecido pelos trabalhos sobre a psicologia pedagógica e das idades (ver *Izbrannie pedagoguitcheskie e psirrologuitcheskie sotchinenia* [*Obras escolhidas de pedagogia e psicologia*]: em 2 V., M., 1979). A referência à "criança banguela" não é ocasional: Blonski tentou construir uma periodização etária do desenvolvimento da criança, escolhendo como critério a presença e a troca de dentes; consequentemente, a "infância banguela" foi separada por ele como uma etapa especial do desenvolvimento. Vigotski elaborou uma periodização mais detalhada e psicologicamente fundamentada, criticando a abordagem de Blonski. (N.E.R.)

[37] Frank, Semion Liudvigovitch (1877-1950). Filósofo e psicólogo religioso russo. L. S. Vigotski se refere ao pequeno ensaio crítico de Frank *Krarakteristike Gete* [*Sobre a característica de Goethe*], escrito por ocasião do lançamento, em 1908, da tradução russa do livro de A. Belchovski *Gete, iego jizn i proizvedenia* [*Goethe, sua vida e suas obras*], que compõe a coletânea de seus artigos *Filossofia i jizn. Etiudi po filossofii kulturi* [*Filosofia e vida. Estudos sobre a filosofia da cultura*] (1910). Vigotski cita as palavras de Frank que apresentam a compreensão de Goethe a respeito das relações entre a natureza e a cultura: "a cultura é a natureza desenvolvida, revelada e realizada". (N.E.R.)

[38] Goethe, Johann Wolfgang Von (1749-1832). Escritor, pensador e cientista natural alemão. (N. E.R.)

o primitivismo, mas para o desenvolvimento e a complexidade da humanização" (Frank, 1910, p. 358). Entre esses dois polos, as ideias aqui desenvolvidas se aproximam de Goethe e não de Rousseau. O estudo dos reflexos condicionais traça a linha horizontal do ser humano e a teoria da supercompensação, a vertical.

ACERCA DA QUESTÃO DA DINÂMICA DO CARÁTER INFANTIL

1

Na teoria psicológica e na prática pedagógica, o próprio modo de formular a questão não deixava espaço para o estudo do caráter infantil, de seu desenvolvimento e do processo de sua formação. A questão era abordada estaticamente, analisando-se o caráter como uma dimensão estável e constante, sempre igual a si mesmo, dado e presente. Ele era entendido como um *status* e não como um processo, como estado e não como formação. A fórmula clássica dessa concepção tradicional foi proposta por T. Ribot, que apresentou duas condições necessárias e suficientes para definir o conceito de caráter: unidade e estabilidade, entendendo-as como unidade no tempo.[1] O atributo

---

[1] Ribot, Theodule (1839-1916). Psicólogo francês, fundador da psicologia empírica na França, diretor do primeiro laboratório francês, organizador do I Congresso Internacional de Psicologia (1889, Paris). Na explicação dos fenômenos psíquicos, Ribot pertencia à psicologia associativa. Era partidário dos métodos científicos naturais e elaborou um programa de psicologia experimental que deveria, segundo ele, investigar os processos psíquicos superiores e a personalidade. Ribot dizia que a Psicopatologia era o experimento da própria natureza. Ele estudou a memória, a personalidade, os sentimentos, entre outros fenômenos. Segundo ele, a psicologia deve ser genética e relacionava o surgimento de

indiscutível do caráter, segundo Ribott, é o fato de surgir na primeira infância, permanecendo constante durante a vida; o caráter genuíno é inato.

Nos últimos anos, a visão estática do caráter encontrou uma expressão definitiva e completa na teoria de E. Kretschmer, que o analisa, em relação à estrutura do corpo, como uma construção psíquica junto à somática. As duas, ou seja, a estrutura do corpo e a do caráter, são determinadas, segundo ele, em última instância, pelo sistema endócrino congênito. Kretschmer distingue dois grandes biótipos complexos dos quais (nos diferentes níveis de combinação) forma-se a grande quantidade de matizes normais do temperamento (1930): o esquizotímico e o ciclotímico, que se ligam a dois tipos fundamentais de doenças mentais, a saber, a esquizofrenia e a psicose maníaco-depressiva (cíclica). Esse estudo exerceu uma forte influência na psicologia infantil, como aponta corretamente A. B. Zalkind (1926).

A continuação e o desenvolvimento, ou melhor, a transposição do ponto de vista de Kretchmer para a ciência da criança, é encontrada em P. P. Blonski. Diz ele: "Um dos méritos de Kretchmer é o estabelecimento da relação entre a estrutura do corpo e o caráter... Vou além e afirmo que os temperamentos representam diferenças não só entre os indivíduos como também entre as idades. Em particular, o temperamento ciclotímico é característico da infância do dente-de-leite" (1925, p. 182). O adolescente substitui o temperamento ciclotímico

---

sentimentos sociais, da memória, da atenção voluntária, da imaginação criadora às condições sociais de existência da pessoa. A atenção de Ribot para os fatos da patologia e o estudo deles na investigação da vida psíquica influenciou uma geração inteira de psicólogos franceses como A. Binet, P. Janet, A. Pieron, entre outros. Neste caso, L. S. Vigotski se refere às representações do caráter feitas por Ribot, que considerava que o caráter se manifesta desde o nascimento e não muda com a idade. Vigotski criticou essa visão de que o caráter é uma grandeza estável e constante. (N.E.R.)

pelo esquizoide (Blonski, 1925, p. 227). A alteração que sofre a concepção estática do caráter com sua transposição para a criança se reflete apenas no fato de que, no lugar do único tipo de caráter determinado de modo fatalista pelo sistema endócrino, apresenta-se uma substituição sucessiva de um tipo pelo outro. O próprio princípio de estabilidade, declarado por Ribot permanece intocável. O tipo de caráter é fixo apenas em um certo nível etário e não em uma constituição já formada. A série de tipos estáveis pelos quais a criança passa, sucessivamente, é, contudo, estática e não dinâmica. Esse é o traço principal tanto de um como do outro estudo, assim como da maioria dos estudos caracterológicos. Como afirmamos, esse traço é, com razão, denominado por A. B. Zalkind de *estatismo absolutamente biológico* no exame do caráter (1926). Diz ele, avaliando esse traço: "[...] O desenvolvimento do caráter humano é somente o desencadeamento passivo do tipo biológico essencialmente congênito no ser humano" (Zalkind, 1926, p. 174).

    O esquema de Kretschmer não serve para a divisão etária de traços caracterológicos. No entanto, isso não impede a tentativa de evidenciar seu conteúdo predominante e específico para cada etapa do desenvolvimento. Esse conteúdo específico não cabe em nenhum sistema caracterológico existente, pois ele muda muito sob a influência do meio. Eis porque é perigoso atribuir "identidades" rígidas aos sistemas, *na situação atual da ciência*. A imperfeição desse ponto de vista, como de qualquer outro que seja estático e não dinâmico, é que ele é incapaz de solucionar questões de origem, desenvolvimento e fluxo, limitando-se à constatação, à reunião, à generalização e à classificação de dados empíricos, sem conhecer a verdadeira natureza dos fenômenos estudados. "[...] Toda a ciência seria supérflua se a forma de manifestação e a essência das coisas coincidissem imediatamente

[...]" (Marx, Engels, Col., v. 25, p. II, p. 384).[2] Por isso, o ponto de vista que se contenta com a forma de "manifestação das coisas", ou seja, somente com os dados empíricos sem a análise de sua "essência", não é um ponto de vista científico. Essa teoria sempre começa, fatalmente, pelo fim. Por isso, inutilmente, de Hipócrates a Kretschmer, a caracterologia se debate com a classificação como se fosse um dos problemas fundamentais do caráter. A classificação somente pode ser cientificamente válida e proveitosa quando fundamentada no atributo essencial dos fenômenos que são divididos em classes, ou seja, quando a classificação pressupõe o conhecimento da essência dos fenômenos. De outro modo, ela será, necessariamente, uma distribuição escolástica de dados empíricos. Assim é, exatamente, quase toda classificação do caráter. Mas "a essência das coisas" é sua dialética, que se revela na dinâmica, no processo de movimento, de mudança, de formação e de destruição, no estudo da gênese e do desenvolvimento.

A caracterologia histórica e contemporânea lembra o estado das ciências biológicas até Charles Darwin. O pensamento científico tentava levar em consideração e ordenar, sistematizar e atribuir sentido à grande diversidade de formas vegetais

---

[2] Engels, Friedrich (1820-1895). Nasceu na Prússia, filho de um rico industrial alemão. Logo na juventude, Engels fica indignado com a miséria na qual os trabalhadores das fábricas vivem e desenvolve um estudo sobre a situação da classe operária na Inglaterra. Cursou escola secundária, mas abandonou um ano antes de se formar. Trabalhou alguns anos nos negócios da família e, sob o pseudônimo de Friedrich Oswald, publicou artigos que o levaram ao Clube de Doutores, o qual Marx frequentava. Com Marx fundou o socialismo científico. Algumas de suas principais obras são *A origem da família, da propriedade privada e do Estado*, *A situação da classe trabalhadora na Inglaterra* e *Do socialismo utópico ao socialismo científico*. Foi coautor de várias obras com Marx, a mais famosa é o *Manifesto comunista*. Ajudou, após a morte de Marx, a publicar os dois últimos volumes de *O capital* (Engels, Friedrich. *A origem da família, da propriedade privada e do Estado*. Rio de Janeiro: Bestbolso, 2014). (N.T.)

e animais, mas não possuía a chave para alcançá-la; tratava-a como fato, como dado, como um testemunho indiscutível da criação de tudo o que existe. A chave para a biologia estava na evolução, na ideia de desenvolvimento natural das formas vivas. Assim como a biologia começou com a *origem das espécies*, a psicologia deve começar pela *origem dos indivíduos*. A chave da origem dos indivíduos é o reflexo condicional. Se Darwin apresentou a biologia das espécies, I. P. Pavlov apresenta a biologia dos indivíduos, a biologia da personalidade. O mecanismo do reflexo condicional desvenda a dinâmica da personalidade e mostra que esta surge na base do organismo como uma superestrutura complexa, criada pelas *condições* externas da vida individual. Exatamente esse estudo resolve, de modo definitivo, o antigo debate entre o nativismo e o empirismo, ao mostrar que na personalidade *tudo* é construído sobre uma base genética, congênita e, ao mesmo tempo, tudo nela é supraorgânico, condicional, ou seja, é social.

O estudo dos reflexos condicionais não apenas dá a deus o que é de deus e a César, o que é de César, como mostra que o momento impulsionador, dinâmico, que empurra o desenvolvimento e provoca mudança, encontra-se exatamente nas condições que reconstroem a experiência hereditária. A reação inata é só o material cujo destino depende das condições formadoras em que terá que se manifestar. Sobre a base inata pode-se criar muito e de modo infinitamente diverso. É pouco provável que se encontre uma ilustração melhor para comprovar a quase absoluta reeducação da natureza humana, como é o reflexo salivar em resposta ao estímulo destrutivo e doloroso de uma forte corrente elétrica. Posto em determinadas condições, ou seja, alimentado durante a apresentação de um estímulo doloroso, o cão começa a responder às queimaduras e às feridas que lhe são provocadas com uma reação positiva que, na linguagem da psicologia subjetiva, denomina-se expectativa do prazer e, na linguagem da psicologia objetiva, reflexo alimentar. O cão não somente não se defende da dor, como tende para ela. C. Sherrington esteve presente a esses testes e, segundo J. Bom,[3] teria exclamado: "Agora, eu entendo a alegria com que os mártires iam para a fogueira" (citação conforme o livro de Iu. P. Frolov,[4] 1925, p. 155). Assim, por meio dos fatores sociais, o biológico se funde no social; o biológico, o orgânico, no pessoal; "o natural", o "absoluto", o incondicional, no condicional. Este é o material próprio da psicologia.

No experimento com o cão, C. Sherrington percebeu uma enorme perspectiva psicológica – a chave para a descoberta da origem das formas psíquicas humanas superiores. Ele disse, essencialmente, o que para o nosso tema pode ser traduzido e explicado da seguinte maneira: a fim de entender o caráter do mártir que vai com alegria para a fogueira, há que se perguntar sob *que condições* surgiu, necessariamente, esse caráter que leva o mártir a se alegrar. Qual é a história, ou seja, a dinâmica, o condicionamento (ou circunstância) dessa alegria? O caráter é condicional (ou circunstancial); eis sua fórmula dinâmica. Estaticamente, ele é igual à soma de traços básicos da personalidade e de comportamento; é um corte transversal da personalidade, seu estado inalterável e sua condição presente. Entender o caráter dinamicamente significa traduzi-lo para a língua de orientações principais e objetivas no meio social, significa compreendê-lo na luta pela superação de obstáculos, *na*

---

[3] Bon, J. (?). Infelizmente não encontramos informações a respeito do autor citado. (N.T.)

[4] Frolov, Iu. P. (?). Sem informações sobre os dados biográficos do autor citado por L. S. Vigotski. Entretanto, sabe-se que escreveu diversos livros sobre I. P. Pavlov e seus estudos. (N.T.)

necessidade de seu surgimento e desdobramento, na lógica interna de seu desenvolvimento.

2

A lógica do desenvolvimento do caráter é a mesma de qualquer desenvolvimento. Tudo que se desenvolve se desenvolve por necessidade. Nada se aperfeiçoa e avança em função de um "ímpeto interior" de que fala a filosofia de H. Bergson.[5] Seria um milagre se o caráter não se desenvolvesse sob a pressão da necessidade que o compele e o empurra para o desenvolvimento. Então, a que necessidade estão atreladas as forças motrizes do desenvolvimento do caráter? Existe somente uma resposta para esta pergunta: à necessidade que é fundamental e determinante de toda vida humana, à necessidade de viver em um meio histórico e social e reconstruir todas as funções orgânicas de acordo com as exigências apresentadas por esse meio. O organismo humano pode existir e funcionar apenas como uma unidade social definida.

Este postulado foi tomado como ponto de partida no sistema da psicologia individual (psicologia social da personalidade) de A. Adler. Deixaremos de lado a questão sobre a relação entre essa teoria e a filosofia marxista, por ser complexa, discutível e, o mais importante, por exigir um exame especial e parti-

---

[5] Bergson, Henri (1859-1941). Filósofo e psicólogo francês. Membro da academia francesa (1914), ganhador do prêmio Nobel de literatura (1927). Bergson é um dos representantes mais destacados do intuitivismo e da filosofia da vida. Considerava o intelecto um instrumento imperfeito do conhecimento que opera apenas com "coisas mortas"; e contrapunha e ele a intuição. O conceito central da filosofia de Bergson é a vida que ele interpretava como um certo processo místico e cósmico, "um ímpeto vital". No fluxo do ímpeto vital criativo, segundo Bergson, é que se realiza a constituição da pessoa. L. S. Vigotski contrapunha a semelhantes ideias a concepção de desenvolvimento da pessoa que é mediado pelas condições sociais da existência. (N.E.R.)

cular. As posições filosóficas básicas de Adler são distorcidas por elementos metafísicos. Somente sua prática apresenta um interesse caracterológico. Com toda razão, Adler denomina sua teoria de psicologia posicional no mais profundo sentido desta palavra, distinguindo-a da psicologia disposicional: a primeira deriva do desenvolvimento psicológico, da posição social da personalidade; a segunda, da disposição orgânica, ou seja, da predisposição. Aqui, o conceito de caráter retorna a seu sentido original. "Caráter" quer dizer, em grego, "cunho".

O caráter é exatamente o cunho social da personalidade. É o comportamento típico da personalidade que foi petrificado, cristalizado, na luta pela posição social. É o traçado da linha principal, da linha dominante da vida, do plano inconsciente da vida, da direção vital única de todos os atos e funções psicológicas. Em vista disso, torna-se imprescindível para o psicólogo a compreensão não só de cada ato psicológico como também do caráter do ser humano como um todo, não apenas na relação com o passado da personalidade, mas com seu futuro. Isso pode ser denominado de direção final do nosso comportamento. Assim como a cena do filme, que mostra um momento em movimento, pode ser incompreendida sem os momentos subsequentes, ou seja, fora do movimento como um todo, assim como a trajetória da bala é definida pelo ponto final ou pelo seu alvo, da mesma forma, qualquer conduta e qualquer traço de caráter fazem emergir as questões: a que estão direcionados? Qual é o objetivo? Em que se transformarão? Qual é sua tendência? Essencialmente, essa compreensão dos fenômenos psicológicos não só em relação a seu passado, mas também a seu futuro, não significa nada além da exigência dialética de conceber os fenômenos em seu permanente movimento, de descobrir nos fenômenos suas tendências, seu futuro, determinado por seu presente. Assim como, na esfera da história, não entendemos a fundo a essência do regime capitalista se o tomarmos estaticamente, fora da tendência de seu desenvolvimento, fora de sua relação necessária com o regime futuro, que está amadurecendo em suas entranhas, na esfera da psicologia, jamais compreenderemos a fundo a personalidade humana se a analisarmos estaticamente como uma soma de manifestações, condutas etc., sem o projeto de vida único dessa personalidade, sem sua linha dominante, que transforma a história de vida do ser humano de uma série de episódios desconexos e fragmentados em um processo biográfico único e coerente.

3

Nenhuma ação instintiva de um animal pode ser compreendida e explicada se não soubermos seu final, seu "alvo", o ponto final a que se dirige. Vamos imaginar o comportamento animal na copulação. Ele pode ser compreendido apenas se examinado como um todo, na sua integridade, desde o ato final, o elo final para o qual se dirigem todos os outros elos que o precedem na cadeia. Os movimentos do tigre à espreita da presa serão totalmente sem sentido se não levarmos em conta o último ato deste drama, quando o tigre devora sua presa. Poderíamos descer a escala da evolução até as funções orgânicas mais elementares e encontraríamos, em toda parte, a mesma particularidade: o caráter final, a tendência final da reação biológica. Só se pode entender o fato de os dentes do animal cortarem e moerem a comida quando se leva em conta que essa comida será digerida e assimilada pelo organismo, ou seja, tendo em vista todo o processo de digestão e nutrição. Aquilo que comumente se denomina de teleologia imanente do organismo, ou seja, aquele princípio metodológico de acordo com o qual são analisadas as partes do corpo vivo como órgãos e suas ações como funções orgânicas que adquirem significado e sentido somente na relação com o organismo em sua integridade é, na verdade, a formulação biológica geral da ideia.

Portanto, o caráter final dos atos psicológicos, suas orientações para o futuro aparecem já nas formas mais elementares de comportamento. Como vimos, nenhuma ação instintiva pode ser compreendida a fundo sem a análise de sua perspectiva para o futuro. Esse fato fundamental descrito por I. P. Pavlov foi realçado na expressão genial "reflexo do objetivo". Ao estudar as atividades mais simples e fundamentais do sistema nervoso com as quais nasce o animal, Pavlov chegou à conclusão de que deve ser definido um reflexo incondicional específico, o reflexo do objetivo. Com este termo, paradoxal à primeira vista, Pavlov destaca a particularidade deste reflexo: ele é orientado para o alcance do "objetivo", isto é, pode ser entendido somente na base de seu futuro e, ao mesmo tempo, esse tipo de atividade não é uma exceção qualquer, mas o reflexo mais comum. Justamente por isso, neste caso, Pavlov substitui o termo "instinto" e prefere "reflexo"; "[...] Nele está contida com muita nitidez a ideia de determinismo e, de modo indiscutível, a relação entre o estímulo e o [efeito],[6] entre a causa e a consequência" (1951, p. 306).

É curioso que Adler, ao explicar a ideia de orientação do comportamento para o futuro, refira-se às experiências de Pavlov como a formação do reflexo de sinal, condicional (Adler, 1927). Da mesma forma, é curioso que Pavlov aponte para a semelhança entre o mecanismo do reflexo de objetivo e o estudo da compensação. Ele vê, nesse reflexo, "o importantíssimo fator da vida", particularmente necessário em uma área essencial que é a educação. O mecanismo de formação do reflexo de objetivo, tendo por base a presença de obstáculos, foi estabelecido na psicologia por Pavlov e Adler. T. Lipps o denominou de lei do

---

[6] No original, está incorretamente escrito *afeto*, em vez de *efeito*. (N.T.)

represamento, vendo-o como a lei geral da atividade psíquica, segundo a qual a energia que se concentra em um determinado ponto aumenta, podendo até vencer uma contenção, mas pode também continuar seguindo por um caminho *confluente*. Aqui já está contida a ideia de compensação. Lipps explicava qualquer tendência, em geral, pela ação dessa lei. Ele considerava que qualquer atividade apropriada se realiza pelas vias de um evento precedente sem objetivo ou automático, quando surge o obstáculo. Somente graças ao represamento, ao atraso e ao obstáculo, torna-se possível o "objetivo" para outros processos psíquicos. O ponto de interrupção – de alteração de alguma das funções que atuam automaticamente – se torna "objetivo" para outras funções orientadas para este ponto e, por isso, possuem a aparência de atividade apropriada. Assim, o "objetivo" é dado com antecedência e, na realidade, é um objetivo apenas aparente, pois, na prática, é causa primeira de qualquer desenvolvimento.

A teoria dinâmica não pode se limitar à constatação do fato de que o reflexo de objetivo existe, da tendência fatalista da psiquê. Ela precisa saber como surge o reflexo de objetivo, qual é a condicionalidade e determinação causal das formas de comportamento que se orientam para o futuro. A resposta para essa questão se encontra na fórmula da existência de obstáculos, de Pavlov. A existência de obstáculos (como demonstrou a psicologia, ainda antes de Pavlov) não apenas é a condição principal de *alcance do objetivo*, como também a condição necessária para o próprio *surgimento e existência do objetivo*.

Dois postulados psicológicos fundamentais em que se baseia a teoria dinâmica do caráter – a explicação da estrutura psíquica do futuro e o princípio de compensação no desenvolvimento da psiquê – mostram-se, dessa forma, internamente interligados; essencialmente, um é a continuação dinâmica do outro. A existência de obstáculos cria o "objetivo" para os atos psíquicos, ou seja, introduz no desenvolvimento da psiquê a perspectiva do futuro, e a presença deste "objetivo" cria o estímulo para as tendências à compensação. São dois momentos do mesmo processo psicodinâmico. Podemos perceber que, para o entendimento completo da lógica interna dos pontos de vista aqui desenvolvidos, o terceiro postulado em que nos apoiamos – o princípio da condicionalidade social dos processos de desenvolvimento – também está internamente interligado com os outros dois e forma, na série causal, o primeiro momento que determina tudo e, em uma série inversamente causal ou de objetivo, é o momento final do mesmo processo único – o *desenvolvimento por necessidade*.

As condições sociais em que deve se enraizar a criança constituem, por um lado, toda a esfera de sua inadaptação da qual são derivadas as forças criativas de seu desenvolvimento; a existência de obstáculos que impulsionam a criança para o desenvolvimento se enraíza nas condições do meio social ao qual ela *deve* incorporar-se. Por outro lado, o desenvolvimento da criança é direcionado para o alcance de um nível social necessário. Eis aqui o início e o fim, o alfa e o ômega. Cronologicamente, os três momentos desse processo podem ser representados assim: 1º. a inadaptação da criança ao meio sociocultural cria obstáculos potentes ao longo do curso do crescimento psíquico (princípio de condicionamento social do desenvolvimento); 2º. esses obstáculos servem de estímulo para o desenvolvimento compensatório; tornam-se seu alvo e orientam todo o processo (princípio da perspectiva do futuro); 3º. a presença de obstáculos eleva e compele as funções ao aperfeiçoamento, permitindo a superação desses obstáculos, ou seja, a adaptação (princípio da compensação). Como as relações da personalidade com o meio se encontram no início (1) e no final (3) do processo, isso confere a esse processo uma forma fechada e circular, o que permite analisá-lo em seu aspecto direto (causal) e inverso (de objetivo).

4

Mas, se sabemos que da fraqueza surge a força, das insuficiências surgem as capacidades, então, temos em nossas mãos a chave do problema do talento infantil.[7] A teoria dinâmica do talento, claro, pertence ao futuro; até o presente momento, esse problema tem sido resolvido de maneira puramente estática. O pesquisador examina o talento infantil como um fato, como algo dado, fazendo-se apenas uma indagação: "Quantos pontos?" Seu interesse é unicamente a pontuação e não o fenômeno do talento. Na teoria dinâmica do caráter infantil, estão presentes

---

[7] Vigotski usa a palavra *odarionnost* que significa dom ou talento, na tradução direta para o português. Talvez, possa ser traduzida como predisposição. Porém, o leitor deve estar atento para o fato de que o autor discorda da teoria do dom inato, conforme fica claro neste mesmo texto. No *Psirrologuitcheski Slovar* [*Dicionário Psicológico*], de autoria de L. S. Vigotski e B. E. Varchava (1931), no verbete *odarionnost*, é afirmado o seguinte: *Odarionnost* é um termo que define o nível do desenvolvimento psicológico ou intelectual, o nível e a qualidade de predisposição, inclinações e habilidades. São diferenciadas a *odarionnost* mental geral ou especial. Claparède entendia *odarionnost* como qualquer habilidade (inata ou adquirida) para a realização do ato de trabalho; ou o caráter físico e psíquico do homem do ponto de vista da produção. São diferenciadas as seguintes *odarionnost*: 1 – sensória (sensibilidade do órgão do sentido); 2 – motora (destreza, precisão dos movimentos); 3 – mental; 4 – afetiva (abundância de sentimentos). A definição de W. Stern é a mais difundida: *odarionnost* é a habilidade do pensamento de se adaptar a novas condições. Teoricamente, *odarionnost*, segundo alguns, é a soma de habilidades independentes; de acordo com outros, os diferentes tipos de *odarionnost* são apenas diferentes aspectos da atividade mental, ligada ao fator central (Binet). Spearman considera que *odarionnost* é o resultado da combinação do fator geral (central) com o especial. Na psicologia aplicada, está se demarcando a tendência de resumir a habilidade abstrata e a *odarionnost* como conceito de uma série de formas especiais e concretas da *odarionnost* e de sua utilidade (social, profissional, escolar). A definição prática da *odarionnost* é o estabelecimento do grau de desenvolvimento do intelecto com auxílio de testes (Binet, Mead, Stern, entre outros). (N.T.)

as premissas para criar uma nova teoria dialética sobre o *plus* e o *minus* do talento, ou seja, sobre o talento e a deficiência infantil. O ponto de vista anterior, atomístico e quantitativo, revela imediatamente sua total inconsistência teórica. Pensemos no caso de uma pessoa com memória ruim. Suponhamos que ela saiba disso e que uma investigação tenha mostrado uma memorização ruim de sílabas sem sentido. Segundo o *usus* estabelecido na psicologia e que, na verdade, é mais propriamente *abusus*, deveríamos concluir que a pessoa sofre de insuficiência de memorização por razões hereditárias ou em função de uma doença. A rigor, nesse método de investigação, comumente, a conclusão contém o que, com outras palavras, já foi expresso na premissa. Por exemplo, no seguinte caso: se alguém tem uma memória ruim ou recorda-se de poucas palavras, então, possui uma pequena capacidade de memorização... A questão deve ser posta em outros termos: "Para que fim se orienta a memória fraca? Para que serve?" Essa finalidade pode ser estabelecida apenas conhecendo intimamente o indivíduo em sua inteireza, já que o entendimento de uma parte surge a partir da compreensão do todo.

O ponto de vista dinâmico permite examinar a aptidão e a deficiência como dois resultados diferentes de um único e mesmo processo de compensação. Supor que a presença de uma deficiência ou insuficiência baste para provocar a compensação, para a transformação do defeito em aptidão seria, é claro, um otimismo cientificamente injustificado. A supercompensação seria um processo mágico e não biológico, se transformasse cada defeito em virtude, independentemente das condições orgânicas internas e das condições externas nas quais transcorre esse processo. Para imaginar o quanto essa ideia é caricata e incorreta, basta levá-la ao absurdo e afirmar que qualquer defeito garante um desenvolvimento elevado. Seria muito fácil viver se fosse assim. Mas, na verdade, a compensação é luta; e, como qualquer luta, pode ter dois desfechos polares – a vitória e a derrota. Como qualquer luta, o resultado depende da força relativa das partes em disputa. Nesse caso, o resultado depende do tamanho do defeito e da riqueza do fundo compensatório, ou seja, das forças de reserva no organismo. Se a compensação obtém sucesso, estamos diante de um quadro de desenvolvimento pleno ou até mesmo superior de dom e aptidão infantis. Se a compensação falha, então, defrontamo-nos com um desenvolvimento reduzido, inferior, retardado e distorcido. Um polo desse processo é a genialidade; o outro, a neurose.

A neurose, a fuga para a doença e a total insociabilidade da atitude psicológica são testemunhas do *objetivo fictício* que orienta todo o plano de vida pelo caminho falso e que distorce a linha diretriz da vida e o caráter da criança. A compensação que falha se transforma numa luta defensiva ajudada pela enfermidade; o vencido se defende com sua própria fraqueza. Entre esses dois polos, como dois pontos extremos, dispõem-se todos os graus de compensação – do mínimo ao máximo. Esse é, precisamente, a aptidão infantil que mais comumente temos verificado e se encontra na prática a que estamos acostumados. O novo na abordagem dinâmica não se encontra na mudança da avaliação quantitativa da aptidão e de seus tipos especiais, mas em negar atribuir a essa avaliação um significado independente. Por si mesmo, o defeito nada diz sobre o desenvolvimento como um todo. A criança com algum defeito ainda não é uma criança deficiente. Com os defeitos são dados os estímulos para sua superação. O desenvolvimento da aptidão, assim como o desenvolvimento do caráter, transcorre dialeticamente e é movido pela contradição.

5

A contradição interna orienta o desenvolvimento do caráter pela linha "do contraste psicofísico", como, convencionalmente,

Adler designa a contraposição entre a insuficiência orgânica e a compensação psíquica.

S. Freud apresentou a conhecida tese da tríade caracterológica (obsessão por limpeza e ordem, avareza, teimosia) e de sua relação com o erotismo anal. Outra tese diz: "Os sujeitos que sofrem de incontinência urinária diferenciam-se por uma ambição excessiva e ardente" (Freud, 1923, p. 23). "[...] A necessidade interior de tal relação entre os fenômenos [...]" (Freud, 1923, p. 20) não é clara e compreensível até mesmo para o próprio autor dessa teoria. Temos o direito de perguntar que importância esses traços do caráter têm para a vida futura. Qual é a relação entre essa tríade e o erotismo anal? Por que *por toda a vida* o comportamento será determinado por esse traço; o que o ajuda a não se atrofiar, de que se nutre? Para que é necessário no sistema das funções psicológicas da personalidade? Ao contrário, se nos mostram como da deficiência da função auditiva (audição reduzida), por meio de formações reativas e compensações, desenvolve-se uma sensibilidade *mais apurada*, a desconfiança, a inquietação, a curiosidade e outras funções que tendem a compensar o defeito e a criar sobre ele uma superestrutura psicológica de defesa, torna-se compreensível a lógica do caráter e sua regularidade sociopsicológica.

Para Freud, nas especificidades do caráter são desvendadas "as pulsões primárias que continuam sua existência imutavelmente"; o caráter está arraigado no *passado longínquo*. Para Adler, o caráter é o lado da personalidade voltado para o futuro. Assim como na interpretação dos sonhos, Freud parte dos restos do dia de ontem e de longínquas vivências infantis, e Adler diz que o sonho é uma espionagem de guerra, uma investigação do futuro, uma preparação para atos futuros, no estudo da estrutura da personalidade e do caráter, o novo estudo introduz uma *perspectiva de futuro* profundamente valiosa para o psicólogo. Ele nos liberta do poder das teorias conservadoras, voltadas para o passado. Na realidade, para Freud, o homem está preso a seu passado assim como o prisioneiro a seus grilhões. Toda a vida se determina na tenra infância pelas combinações elementares e toda ela consiste na eliminação dos conflitos da infância. Permanece incompreendido por que todos os outros conflitos, traumas e vivências se sobrepõem somente aos da infância que compõem o tronco e o eixo de toda a vida. No novo estudo, a perspectiva revolucionária do futuro permite entender o desenvolvimento e a vida da personalidade como um processo único, *orientado para a frente* e direcionado pela necessidade objetiva para um ponto final, marcado pelas exigências da existência social.

A perspectiva psicológica do futuro é a possibilidade teórica da educação. Por sua natureza, a criança se mostra sempre incompleta na sociedade dos adultos; sua posição, desde o início, dá razão para o desenvolvimento de seus sentimentos de fraqueza, insegurança e dificuldade. Durante longos anos, a criança permanece inadaptada para a existência independente e nessa inadaptação e desconforto da infância está a raiz de seu desenvolvimento. A infância é a época de insuficiências e compensações por excelência, ou seja, da conquista de uma posição em relação ao todo social. No processo dessa conquista, o ser humano, um determinado biótipo, transforma-se em ser humano como um sociotipo, um organismo animal se converte em personalidade humana. *O domínio social desse processo natural é chamado de educação.* A educação seria impossível caso, no próprio processo natural de desenvolvimento e de formação da criança, não estivesse alicerçada a perspectiva do futuro, determinada pelas exigências da existência social. A própria possibilidade de um plano único na educação, sua orientação para o futuro, testemunha a presença desse plano no processo de desenvolvimento que a educação tende a dominar. No fundo, isso significa que *o desenvolvimento e a formação da criança é um processo socialmente orientado*. O. Rühle fala sobre essa linha vital: "Isso é o fio de Ariadne dela [da criança – L. V.] que a leva ao objetivo. Já que com o tempo todas as funções espirituais transcorrem numa direção escolhida, os processos espirituais recebem sua expressão típica – então, forma-se uma soma de métodos táticos, aspirações e capacidades que se sobrepõem e delineiam um determinado plano de vida. É isso que chamamos de caráter" (1926, p. 12).

Nessa trajetória, foram feitas muitas descobertas importantes na ciência sobre a criança. Assim, K. Gross,[8] contrariando S. Hall e a teoria biogenética, em suas notáveis e clássicas pesquisas,[9] mostrou que a brincadeira como forma básica de

---

[8] Groos, Karl (1861-1946). Psicólogo alemão. No livro *Duchevnaia jizn rebionka* [*A vida espiritual da criança*] (1916), expõe sua teoria da brincadeira e a denomina de teoria do exercício. De acordo com Groos, a infância é dada à pessoa com o objetivo de elaborar meios adaptativos para o enfrentamento de futuros objetivos. Por isso, um lugar especial em sua teoria ocupa a brincadeira que serve de escola para preparar o organismo para os desafios vitais, ou seja, "a infância nos é dada para que possamos brincar". Diferentemente da teoria biogenética de Hall, na concepção de Groos, a brincadeira não está voltada para o passado, mas para o futuro. Entretanto, ao destacar o valor biológico da brincadeira, Groos não enxergava sua essência social. (N.E.R.)

[9] Hall, Granville Stanley (1846-1924). Psicólogo estadunidense. Fundou um dos primeiros laboratórios de psicologia experimental nos Estados Unidos, o primeiro instituto de psicologia infantil e também a primeira revista de psicologia. Suas obras mais importantes estão no campo da psicologia infantil e pedagógica. A mais famosa, *Iunost* [*A juventude*] (1904), foi o primeiro trabalho monográfico de psicologia da juventude. Nos estudos da psique infantil, empregou o método de questionário. Para explicar o desenvolvimento psíquico da criança se apoiava na lei biogenética, de acordo com a qual, o desenvolvimento individual é a repetição sintética das etapas principais da história da humanidade. Segundo Hall, a estruturação da psique da criança é biologicamente determinada: a passagem de um estágio a outro ocorre de acordo com as principais orientações do processo evolutivo. Hall analisava a brincadeira infantil da seguinte forma: a brincadeira com areia corresponde à fase da caverna; a brincadeira de crianças na primeira infância é orientada para a eliminação de instintos primitivos de caça etc. Tal compreensão

educação natural do animal e da criança pode ser entendida e explicada não na relação com o passado, mas em sua orientação para o futuro. Para ele, a brincadeira surge em função da insuficiência das reações inatas da criança para a realização de tarefas complexas vitais, ou seja, devido à inadaptação; a infância é uma época biológica de "aquisição de dispositivos necessários para a vida, que não se desenvolvem diretamente das reações inatas" (1916, p. 71), ou seja, o período da compensação das insuficiências e a brincadeira são uma autoeducação natural da criança, um exercício para o futuro. Nos últimos tempos, apresenta-se e firma-se cada vez mais o novo ponto de vista – na realidade, um desdobramento da ideia de Gross – sobre a natureza psicológica desse exercício que, em geral, é uma função importantíssima no processo de desenvolvimento, de educação e de formação da personalidade; é um processo de compensação.

Somente à luz da teoria da brincadeira de Gross e da nova teoria do exercício pode-se, verdadeiramente, compreender e avaliar o significado do movimento da infância e seu sentido educativo. O movimento da infância (em alguns componentes) deve ser visto como uma experiência, em escala internacional, de racionalização e organização em massa da brincadeira infantil. A brincadeira de uma época revolucionária que, como qualquer brincadeira, prepara a criança para o futuro, alicerça as linhas

---

das regularidades do desenvolvimento psíquico da criança foi criticada por L. S. Vigotski (ver seu artigo A lei biogenética na psicologia e na pedagogia, na primeira edição da *Grande Enciclopédia Soviética*, 1927). A ideia de criar uma ciência especial da criança pertence a Hall e foi denominada de Pedologia. (N.E.R.)

Embora se afirme na nota que a ideia de criar uma ciência da criança pertença a Hall, no verbete do *Psirrologuitcheski slovar* [*Dicionário psicológico*], de autoria de L. S. Vigotski e B. E. Varchava, de 1931, atribui-se a introdução do termo pedologia a O. Christman. Para mais detalhes, consultar PRESTES, Zoia. *Quando não é quase a mesma coisa*. Traduções de L. S. Vigotski no Brasil. Campinas: Autores Associados, 2012, p. 41 (grafado, por um erro, como Rrristman). (N.T.)

fundamentais de seu futuro comportamento. A própria ideia e a prática de tal brincadeira seriam impossíveis se o desenvolvimento da personalidade fosse um desencadeamento passivo de impulsos primários inatos. A ideia de extrair, conscientemente, ao longo de toda vida humana, desde a infância, uma única linha contínua e direcioná-la por uma única linha reta, traçada pela história, pode ser válida somente sob a condição de que o caráter não nasce, mas se forma. Não é desencadeamento, mas *elaboração*, eis a correta denominação do processo de surgimento do caráter. Exatamente este ponto de vista fornece a chave para a compreensão da personalidade em seu aspecto social, para a compreensão do caráter de classe, não no sentido metafórico da palavra, mas no sentido real e concreto, da marca de classe na estrutura biológica da personalidade. Como principal deficiência das teorias estáticas do caráter, A. B. Zalkind aponta sua contradição com o fato fundamental de que cada pessoa não só é uma unidade biológica, como também histórica e carrega em seu caráter traços históricos.

"É possível à situação de classe (posição de explorador e explorado), à época histórica (revolução, reação) compelir para um ou outro tipo... de caráter?" (Zalkind, 1926, p. 178). Nesta questão demarca-se drasticamente o limite entre as duas diferentes formas de conceber o caráter. Uma, a de ver no caráter um *fatum* biológico e a outra, a de ver no caráter a forma histórica da personalidade. O primeiro ponto de vista se manifestava na conhecida tese de G. Compayré que analisava o caráter como um conjunto de sinais pronto e formado no momento do nascimento.[10] Disse ele: "Sem cair em paradoxo,

---

[10] Compayré, Gabriel (1843-1913). Pedagogo e psicólogo francês que recebeu com admiração a teoria psicológica de Stanley Hall, que se baseava ná lei biogenética do inatismo das principais inclinações do caráter. (N.E.R.)

pode-se dizer que a criança que, futuramente, será aplicada, evidencia essa tendência na maneira com que pega e segura a corneta" (do livro *A vida espiritual da criança*. 1916, p. 261).[11] Em outras palavras, o caráter nasce com o ser humano e é dado na maneira do recém-nascido pegar e segurar a corneta. Em contraponto a isso, Gross vê a significativa importância biológica da brincadeira como uma forma natural de educação e sua capacidade para nos levar da natureza herdada para uma nova, uma natureza "adquirida" pelo ser humano ou, "empregando, aqui, num sentido conhecido, a velha expressão – do velho Adão levar o ser humano ao novo Adão..." (K. Gross, 1916, p. 72). O caráter é nada mais que o novo Adão, a nova e segunda natureza do homem.

***

Nos últimos anos, o estudo de Adler, principalmente em sua parte aplicada e prática pedagógica, influenciou muito a teoria e a prática da educação social na Alemanha e Áustria. A pedagogia é a área mais importante desse estudo psicológico. Segundo O. F. Kanitz,[12] esse estudo já possui uma grande importância para o movimento socialista operário porque apresenta, em primeiro plano, o significado do meio social e da educação. "Ele nos

---

[11] Referência ao livro GROSS, K. *Duchevnaia jizn rebionka* [*A vida espiritual da criança*]. Kiev, 1916. (N.T.)

[12] Kanitz, Otto Felix (1894-1940). Socialista austríaco, educador, escritor, político e representante da psicologia individual. Foi um dos fundadores da *Kinderrepublik* (*República das crianças*), um movimento educacional contra o autoritarismo. Realizou reformas educacionais práticas junto a Alfred Adler, Max Adler e outros. Foi forçado a deixar a Áustria devido à perseguição aos socialistas, após 1934. Acredita-se que tenha retornado, algum tempo depois e, em 1938, por ser um socialista proeminente e judeu, foi enviado ao campo de concentração de Buchenwald, onde teria sido executado. (N.T.)

dá fundamentos psicológicos para as palavras de Marx: nossa existência social determina nossa consciência" (Kanitz, 1926, p. 165). Kanitz insiste em dizer, principalmente, que as conclusões práticas do estudo de Adler e a aplicação de sua teoria na educação entram em contradição com o regime capitalista e seu meio cultural. "*Ou seja, a psicologia individual, transformada em prática, abala os moldes da sociedade capitalista*. Assim, o psicólogo burguês dessa tendência vivencia, algum dia e em algum lugar, seu Damasco" (Kanitz, 1926, p. 164). Em 1925, no Congresso de Psicologia Individual, em Berlim, Kanitz apresentou a tese: "A psicologia individual só poderá penetrar nas massas quando estiver alicerçada na ideologia de massas" (Kanitz, 1926, p. 164).

Como já foi dito, estamos deixando de lado a questão complexa sobre a relação da psicologia individual e o marxismo. No entanto, acreditamos ser necessário apontar a presença de duas tendências polares no âmbito do estudo para esclarecer o estado factual efetivo da questão.

O estudo de Adler se apoia num fundamento filosófico composto e complexo. Por um lado, afirma que as ideias de K. Marx, mais do que quaisquer outras, podem ter significado para a psicologia individual. Por outro lado, avidamente absorve as ideias de A. Bergson, W. Stern e outros idealistas, destacando a convergência de muitas de suas próprias ideias com os pontos principais da filosofia destes autores. Com toda razão, Adler afirma que não foi sua pretensão nem tarefa estabelecer a relação entre a psicologia individual e a filosofia. Ele está correto ao tentar apresentar um fundamento gnosiológico para sua teoria, quando diz que alguns elementos de seu estudo são interconectados por via puramente empírica, ou seja, que sua teoria não possui uma metodologia lógico-filosófica própria.

Exatamente por isso sua teoria admite elementos filosóficos inconciliáveis. Toda a psicologia moderna vivencia uma crise, cujo sentido se encontra na conclusão de que não existe uma, mas duas psicologias. Até hoje, elas são elaboradas em conjunto: a psicologia da ciência natural, materialista e a psicologia idealista, teleológica. Esta ideia é fundamentada pela psicologia contemporânea nos trabalhos de F. Brentano,[13] H. Münsterberg,[14] W. Dilthey,[15] E. Husserl,[16] P. Natorp e muitos outros.[17] A psicologia de Adler, assim como tudo na psicologia contemporânea, contém, de modo indiferenciado, os germes e os princípios destes dois sistemas científicos polares incompatíveis e antagônicos. Daí a luta metodológica no âmbito dessa tendência e as tentativas de formulá-la, metodologicamente, com auxílio de um ou outro sistema.

---

[13] Brentano, Franz (1838-1917). Filósofo e psicólogo austríaco. (N.E.R.)
[14] Münsterberg, Hugo (1863-1916). Filósofo e psicólogo alemão. (N.E.R.)
[15] Dilthey, Wilhelm (1833-1911). Filósofo e historiador da cultura. (N.E.R.)
[16] Husserl, Edmund (1859-1938). Filósofo alemão. (N.E.R.)
[17] Natorp, Paul (1854-1924). Filósofo alemão. (N.E.R.)

DESENVOLVIMENTO DA CRIANÇA DIFÍCIL E SEU ESTUDO

Definição e classificação

1. No grupo de crianças cujo comportamento e desenvolvimento se desviam da norma e que, por isso, se distinguem do conjunto no que diz respeito à educação, isto é, no grupo de *crianças difíceis, no sentido amplo da palavra*, é preciso diferenciar dois tipos fundamentais: 1) o tipo de criança cujo comportamento se afasta da norma em consequência de algum defeito orgânico (crianças fisicamente deficientes: cegos, surdos, cegos-surdos-mudos, inválidos etc., retardados mentais ou mentalmente débeis devido a um defeito orgânico); 2) o tipo de crianças cujo comportamento se afasta da norma em consequência de uma alteração *funcional* (crianças difíceis, no sentido estrito e específico da palavra – infratoras, crianças com desvios do caráter, psicopatas).

Um terceiro tipo que se destaca quanto ao aspecto educativo é constituído por crianças talentosas, cuja distinção da população geral de crianças representa um problema recente, mas sério. Existem formas de transição entre a denominada criança normal (comum, média) e todos os tipos de dificilmente educável; existem formas combinadas ou mistas de crianças dificilmente educáveis.

2. *A seleção* das crianças difíceis e com retardo mental deve efetuar-se, como regra, no próprio processo de educação e instrução. Não devemos restringir nossa seleção aos casos absolutamente ostensivos de insuficiências orgânicas severas (cegueira, idiotia, formas extremas de imbecilidade e assim por diante), que impedem as crianças de frequentarem a escola comum. No processo pedagógico, é necessário distinguir, entre os que se encontram na escola comum, os casos particulares de crianças que demandam um estudo especial. É possível e necessário utilizar como meios de orientação os procedimentos metodológicos tradicionais (escala de Binet-Simon e outros), mas seria perigoso estabelecer um diagnóstico pedológico baseado nessas investigações. Esses procedimentos apenas apontam as crianças para o estudo especial, cuja metodologia será indicada mais à frente.

3. *A classificação* das crianças destacadas do todo deve ser realizada com base na diferenciação de formas orgânicas e funcionais. Segundo o estado atual do problema, seria correto dividir as crianças com retardo mental em três classes (debilidade, imbecilidade e idiotia). O princípio da divisão das crianças selecionadas deve ser o de classificá-las segundo os tipos de desenvolvimento e de comportamento, segundo as características gerais e integrais da personalidade da criança, e não com base nos sintomas e defeitos tomados isoladamente.

Crianças mentalmente retardadas

4. O princípio básico para o estudo da criança com retardo mental é a tese de que todo defeito cria estímulos para a compensação. Por isso, o estudo dinâmico da criança retardada não pode limitar-se a estabelecer o grau e a gravidade da insuficiência, mas deve incluir, necessariamente, a consideração dos processos compensatórios (substitutivos, superestruturados e

corretivos) no desenvolvimento e no comportamento da criança. Seria oportuno aceitar a designação, proposta por alguns autores, para *três graus* de compensação (reação do organismo ao defeito): 1) defeito compensado; 2) defeito subcompensado, e 3) defeito descompensado (conforme a classificação TBC).[1] A definição da insuficiência ainda não diz nada ao pedólogo (cf. Weiman,[2] K.; Bierbaum, L.;[3] Lindworsky,[4] W. Stern. W. Eliasberg,[5] Pirsi,[6] Feisen,[7] e muitos outros).

5. A *esfera motriz* tem excepcional importância para o estudo da criança com retardo mental. O retardo motor, a debilidade motriz, o infantilismo motor (T. Heller,[8] Dupré,[9] F. Homburger)[10] e a idiotia motora podem combinar-se de modo muito diverso com o retardo mental de todos os tipos, conferindo ao desenvolvimento e ao comportamento da crian-

---

[1] *Treatment Based-Classification.*
[2] Weiman, K. Sem informações a respeito do autor citado. (N.T.)
[3] Bierbaum, L. Sem informações a respeito do autor citado. (N.T.)
[4] Lindworsky, L. (?). L. S. Vigotski avaliou positivamente a tese apresentada por Lindworky a respeito da diversidade de defeitos intelectuais de acordo com a heterogeneidade da atividade intelectual. Lindworsky destacava que uma pessoa com retardo mental não pode ser tida como uma retardada em geral. Há tanto variedades de insuficiências intelectuais quanto tipos de distúrbios de percepção das relações (Lindworsky relacionava o intelecto às funções de percepção das relações). Para o autor, por força da complexidade da atividade intelectual, são possíveis diferentes meios de compensação das funções atingidas. (N.E.R.)
[5] Eliasberg, W. (?). Psicólogo alemão. Estudou a psicologia do pensamento, em especial, o problema do pensamento abstrato, incluído as patologias. Foi contra a exclusividade do predomínio do material concreto na escola auxiliar. (N.E.R.)
[6] Pirsi. Sem informações a respeito do autor citado. (N.T.)
[7] Feisen. Sem informações a respeito do autor citado. (N.T.)
[8] Heller, Theodor (1869-1938). Sob a denominação "idiotia motora", destacou os casos em que, nas crianças, encontrava-se uma insuficiência motriz que se contrapunha bruscamente ao bom intelecto delas. (N.E.S.)
[9] Dupré. Autor do primeiro trabalho de grande interesse sobre as insuficiências motrizes. (N.E.S.)
[10] Homburger, F. Sem informações a respeito do autor citado. (N.T.)

ça um quadro peculiar. Eles podem estar ausentes no retardo mental e, ao contrário, estarem presentes sem que haja defeito intelectual. O princípio da unidade psicocinética (F. Schultz)[11] no desenvolvimento e no comportamento das crianças exige que, ao se estudar a criança com retardo mental, seja feita, incontestavelmente, uma dupla caracterização (intelectual e motriz). O retardo motor admite, em grande medida, a compensação da insuficiência (Homburger, Nadoleczny,[12] T. Heller) e é a isso que se refere tudo o que se diz na tese 4. Por ser relativamente autônoma, independente das funções intelectuais superiores e de fácil exercitação, a capacidade motora, com frequência, é a esfera central para a compensação do defeito intelectual e da correção do comportamento. Como ponto de partida no trabalho investigativo e prático, pode-se adotar a escala métrica do doutor N. I. Ozeretski para estudar a capacidade motriz das crianças.[13]

6. O intelecto prático, isto é, a capacidade para uma atividade racional e útil (*praktische, natürlich, Intelligenz*), ainda que esteja intimamente ligado à capacidade motriz, dada a sua natureza psicológica, deve ser tratado de modo particular na pesquisa, quando se estuda a criança com retardo mental. Essa pesquisa pode ter como ponto de partida O. Lipmann ou W.

---

[11] Schultz, F. Sem informações a respeito do autor citado. (N.T.)
[12] Nadoleczny, Max (1874-1940). Concebeu a essência da gagueira como uma desordem funcional (de origem central) da coordenação da musculatura necessária para a fala, observando, por sua vez, as anormalidades do caráter dos gagos; recomendava um tratamento com exercícios de respiração e de fala, psicoterapia e psicanálise. (N.E.S.)
[13] Ozeretski, Nikolai Ivanovitch (1894-1955). Psiquiatra soviético, criador da escala para o estudo da habilidade com o auxílio da qual investigava o nível de desenvolvimento motor da criança. (N.E.R.)

Stern;[14] o princípio proposto por W. Köhler e Lipmann deve,[15] indubitavelmente, estar na base da investigação. Por ser um tipo qualitativo particular de comportamento racional, relativamente independente de outras formas de atividade intelectual, o intelecto prático pode estar combinado, em diversos graus, com outras formas, configurando, em cada caso, um quadro peculiar de desenvolvimento e de comportamento da criança. Ele pode apresentar-se como o ponto de aplicação da compensação, como meio de correção de outros defeitos intelectuais. Se esse fato não for levado em conta, todo o quadro de desenvolvimento será incompleto e, com frequência, inexato.

7. O tipo superior de atividade intelectual (comumente afetado na debilidade mental), denominado, às vezes, teórico, gnóstico etc., baseia-se na utilização das formas lógicas do pensamento, dos conceitos, que surgem com base na língua

---

[14] Lipmann, Otto (1880-1933). Psicólogo e psicotécnico alemão. L. S. Vigotski se refere a ele e às suas investigações da habilidade prática, compreendida como capacidade de escolher um modo mais racional de realizar a ação. Por exemplo, Lipmann, juntamente com Schtoltsenberg, solicitava à pessoa submetida ao experimento que encontrasse duas chaves corretas de um cadeado, entre 12. As pessoas sem habilidade escolhiam as chaves mecanicamente, mas as com habilidade separavam aquelas que não entravam na fechadura do cadeado. As investigações de Lipmann mostraram que a capacidade para uma ação prática racional é um tipo especial de intelecto. (N.E.R.)

[15] Köhler, Wolfgang (1887-1967). Psicólogo alemão, um dos líderes da psicologia da Gestalt. Ganhou notoriedade com os trabalhos de investigação do intelecto de macacos antropoides (1913-1940). Empreendeu esforços para comprovar experimentalmente que os chimpanzés têm um comportamento racional do mesmo tipo que o ser humano e que a diferença está na complexidade do comportamento. De acordo com Köhler, ao resolver com sucesso uma tarefa intelectual, ocorre a visualização de toda a situação e sua reestruturação em Gestalt. Essa visualização, por sua natureza, é um *insight*. A atenuação de diferenças entre o intelecto humano e o de macacos antropoides foi recebida criticamente por parte de muitos psicólogos. Em particular, L. S. Vigotski indicava a peculiaridade qualitativa da atividade humana que é social por sua origem, mediada por sua função e consciente por seu caráter. (N.E.R.)

e constituem uma realização histórica mais tardia da cultura humana e um produto da psicologia social. Esse pensamento, próprio do homem cultural, limita-se ao emprego instrumental de signos culturais conhecidos e pode ser investigado pelo método instrumental. Como ponto de partida, pode servir, nesse caso, o método experimental de investigação da formação de conceitos, criado por N. Ach,[16] e aplicado ao estudo de crianças com retardo mental por A. Bacher.[17] O método permite determinar o grau alcançado pela criança na elaboração de conceitos.

8. O estudo da criança com retardo mental deve basear-se, sobretudo, no teste qualitativo *e não na determinação quan-*

---

[16] Ach, Narziss Kaspar (1878-1946). Psicólogo alemão, representante da escola de Würzburg. Em contraposição ao ponto de vista aceito por muitos psicólogos, de acordo com o qual os processos de pensamento se realizam pela lei de associação, Ach apresentou a ideia das tendências determinantes. O pensamento, segundo Ach, é definido pela estrutura que é dada pela tarefa que se apresenta à pessoa. Essa ideia impulsionou o desenvolvimento de investigações do pensamento como processo de resolução de problemas. Ach criou o método sintético-genético (como o denominava L. S. Vigotski) de *formação experimental de conceitos*. O material experimental era composto de palavras artificiais que não tinham relação com a experiência anterior da criança, e de conceitos artificiais, compostos pela via de junção incomum de uma série de aspectos. (Por exemplo, a palavra "gatsun", no decorrer do experimento, tornava-se portadora do conceito que significava algo grande e pesado). L. S. Vigotski analisou criticamente o método de Ach e destacou que, para a resolução de tarefas no experimento de Ach, não são necessários conhecimentos prévios e, por isso, ele permite investigar o processo de formação de conceitos em seu estado puro. Ao mesmo tempo, a maior insuficiência do método, segundo L. S. Vigotski, é a cisão entre o conceito e os processos de pensamento. L. S. Vigotski, juntamente com L. S. Sarrarov, desenvolveu a metodologia em que o conceito é apresentado com a resolução de uma tarefa mental. A metodologia de dupla estimulação de Vigotski-Sarrarov foi descrita detalhadamente por L. S. Vigotski no 5º capítulo do livro *Michlenie i retch* [*Pensamento e fala*]. Com essa metodologia, foram evidenciados os três principais estágios de desenvolvimento do pensamento infantil: o sincrético, o por complexos (são os pseudoconceitos como fase peculiar no desenvolvimento do pensamento por complexo) e o abstrato. (N.E.R.)

[17] Bacher, A. (?). Psicólogo alemão. Pertenceu à escola de N. Ach. Aplicou seu método à investigação de crianças débeis mentais. (N.E.S.)

titativa do defeito. O objetivo desse estudo é a identificação do *tipo de desenvolvimento do comportamento* e não do nível quantitativo que cada uma das funções alcançou. O intelecto não é algo único e integral, mas um conceito geral para os diferentes tipos qualitativos de comportamento, de formas de atividade; no âmbito da forma, o defeito pode ser coberto pelo desenvolvimento de outra forma (O. Lipmann, L. Lindworsky, H. Bogen).[18] O número de fatores da atividade intelectual cresce e, com isso, a diversidade dos defeitos e das possibilidades de substituí-los (L. Lindworsky).

9. As formas de estudo da criança com retardo mental, anteriormente mencionadas, como também os outros métodos que, geralmente, são aplicados em investigações desse tipo e cujo significado auxiliar não se pode negar, podem ter aplicação científica apenas tendo por base *um estudo prolongado da criança durante o processo de educação*. Afinal, devemos estudar não o defeito, mas a criança com um determinado defeito. Por isso, o estudo integral da personalidade da criança na relação com o meio que a cerca deve constituir a base de todas as pesquisas. Dados de observação pedagógica podem ser completados com a observação sistemática, guiada por um esquema definido (por exemplo, o de S. S. Molojavi),[19] assim como com dados de um

---

[18] Bogen, Helmut (1893-?). Psicólogo alemão, estudava questões da psicologia infantil. L. S. Vigotski se refere a investigações do intelecto da criança realizadas por Bogen. Ao estudar crianças normais e com retardo mental, Bogen concluiu que existem diferentes tipos de habilidades intelectuais. De forma análoga, O. Lipmann destacou dois tipos de retardo mental: retardo de compreensão e retardo de ação. (N.E.R.)

[19] Molojavi, Stepan Stepanovitch (1879-1936). Pedagogo e pedólogo soviético, um dos destacados representantes da corrente sociogenética na pedologia. A concepção pedagógica de Molojavi se baseia no reconhecimento do papel decisivo do meio circundante da criança na constituição de sua personalidade. O desenvolvimento social e psíquico, segundo Molojavi, se realiza no processo de "adaptação" da criança às diversas condições do meio. Consequentemente,

experimento natural ou de um experimento pedagógico. Somente conhecendo a esfera emocional, volitiva e outras facetas da criança, o tipo geral de seu comportamento social (a linha mestra), poderemos examinar corretamente seu defeito mental.

10. Qualquer defeito orgânico realiza-se no comportamento da criança como uma degradação social de sua posição. Essas formações psicológicas secundárias (o sentimento de inferioridade etc.) devem ser levadas em conta no estudo da criança com retardo mental. A dinâmica do defeito (compensação, exercitação das funções, capacidade de modificação) é determinada, exatamente, por suas complicações sociopsicológicas (coeficiente educabilidade).

Crianças dificilmente educáveis

11. Os casos funcionais de comportamento e de desenvolvimento que se desviam da norma, no sentido estrito da palavra, devem se referir a crianças dificilmente educáveis. Na maior parte das vezes, a natureza desses casos consiste num *conflito psicológico* entre a criança e o meio ou entre esferas singulares e estratos da personalidade. Por isso, o estudo de crianças dificilmente educáveis deve partir sempre da investigação do conflito fundamental.

---

a principal tarefa pedagógica para Molojavi era a organização das condições de vida das crianças, de tal forma que pudessem exercer influências benéficas no desenvolvimento. Ele elaborou uma metodologia original de exame da criança que, por meio de fixação e observação das condições de vida e comportamento, permitia apresentar um diagnóstico psicopedagógico desdobrado e um prognóstico. O reconhecimento por Molojavi do papel decisivo do meio na formação da personalidade da criança se refletiu positivamente na solução dos problemas da defectividade infantil. Além disso, a sua posição em relação à defectividade moral coincidiu com a posição de L. S. Vigotski. Molojavi considerava que a defectividade moral não é um pecado original da criança, mas consequência de falhas na educaçáo. (N.E.R.)

12. No começo, como ponto de partida para a elaboração da metodologia do estudo da infância difícil, pode-se adotar o esquema de divisão proposto e utilizado por W. Grülle,[20] que diferencia: 1) casos de educação difícil, circunscritos às influências traumatizantes do meio (Milieu – M); 2) casos determinados por fatores psicológicos internos no desenvolvimento da criança (Anlage – A); 3) casos mistos (MA) que se dividem, por sua vez, em duas classes, dependendo do significado predominante de cada fator (MA ou AM). Os fatores psicológicos internos (A) não denotam, de modo algum, segundo Grülle, que haja necessariamente inclinações patológicas.

13. As classificações das crianças dificilmente educáveis propostas por Grülle, Volgtlander e outros podem ser utilizadas como esquema empírico para o estudo da criança difícil.[21]

14. Uma vez que cada conflito que provoca a educabilidade difícil tem suas raízes em condições peculiares, pessoais, particulares da história de desenvolvimento da criança, é necessário adotar uma perspectiva e um método psicológico individual para estudar crianças dificilmente educáveis. Uma vez que o conflito é circunscrito, habitualmente, a processos que transcorrem nos estratos profundos do psiquismo da criança e, com frequência, tem raízes no inconsciente, para estudar a criança dificilmente educável devem ser empregados métodos que levem em conta o aspecto íntimo de sua psicologia e a penetrem profundamente. Todavia, o método da psicanálise, em sua forma clássica, é inaplicável ao estudo da criança difícil.

15. O esquema de estudo da criança dificilmente educável, elaborado pela Sociedade de Psicologia Individual, pode ser utilizado nas primeiras etapas como meio para a investigação

---

[20] Grülle, W. Sem informações a respeito do autor citado. (N.T.)
[21] Volgtlander. Sem informações a respeito do autor citado. (N.T.)

do conflito que constitui a base de sua educabilidade difícil. Seria necessário modificá-lo bastante, ampliá-lo e aplicá-lo às particularidades de nossa população de crianças dificilmente educáveis. Seria também preciso elaborar alguma modificação do esquema de S. S. Molojavi para o estudo dessas crianças. Em seu esquema, é bastante valioso para esse fim o método de correlação do comportamento com o meio. Há a necessidade de criar uma variante desse esquema para o objetivo especial de estudo da criança difícil. Os testes para a investigação da vontade, do aspecto emocional, da fantasia, do caráter etc. podem ser empregados como meio auxiliar e orientador (H. Rorschach,[22] Buran,[23] Donney).[24]

16. O estudo da criança dificilmente educável, mais que qualquer outro tipo de criança, deve basear-se numa prolongada observação da mesma durante o processo educativo, no experimento pedagógico, no estudo dos produtos de sua criação, da brincadeira e de todas as facetas de seu comportamento.

Crianças talentosas

17. A identificação de crianças talentosas se impõe por considerações pedológicas exatamente pelo ritmo veloz de seu

---

[22] Rorschach, Herman (1884-1922). Psiquiatra e psicólogo suíço, criador do teste original que, até hoje, é um dos mais usados em metodologias de diagnóstico psíquico. Na base do teste de Rorschach, está a ideia de projeção, a capacidade do indivíduo de transferir (projetar) para estímulos externos (principalmente, os de conteúdo indefinido) suas próprias estruturas, inclinações etc. O teste é composto de um conjunto de manchas simétricas de tinta de formas estranhas e se exige da pessoa que diga o que as manchas representam. L. S. Vigotski se refere ao método de Rorschach em função da investigação da esfera emocional, da fantasia etc. No entanto, este é o aspecto menos importante no emprego desse teste. De acordo com Rorschach, seu teste se propõe a desvendar os mecanismos profundos de funcionamento da personalidade. (N.E.R.)

[23] Buran. Sem informações a respeito do autor citado. (N.T.)

[24] Donney. Sem informações a respeito do autor citado. (N.T.)

desenvolvimento e, em especial, da instrução escolar. A título de experimento, seria necessário tentar fazer essa identificação com meios científicos. De qualquer modo, seria preciso, pelo menos teoricamente, descrever o problema do tipo particular de desenvolvimento da criança talentosa com relação ao ensino especial (musical etc.).

Formas mistas e transitórias

18. A presença de formas transitórias e combinadas deve ter uma atenção especial, uma vez que os casos transitórios permitem prevenir amplamente o declínio ou a dificuldade do tipo de desenvolvimento da criança. Já as formas mistas (criança com retardo mental dificilmente educável e outras) demandam procedimentos particularmente complexos de estudo e investigação. O que garante a validade do estudo dessas formas é o método de estudo da criança em sua totalidade, que considera não apenas as alterações isoladas e as insuficiências de seu comportamento, mas toda a linha mestra do desenvolvimento infantil, a compensação dos defeitos orgânicos, as complicações psicológicas secundárias, os conflitos sociopsicológicos que surgem em função do defeito, a dinâmica do desenvolvimento (capacidade de mudanças). Para as formas transitórias de retardo mental, o mais correto seria realizar um experimento pedagógico, separando as crianças em grupos especiais dentro da escola.

Problemas de organização

19. O estudo de crianças difíceis e retardadas visando à seleção para a escola especial, à distribuição em determinadas instituições educativas, à orientação de sua educação etc. deve ser dirigido por um *especialista* competente em questões de psicopatologia, defectologia e pedagogia terapêutica. Somente

a colaboração de um pedólogo, um pedagogo e um médico podem assegurar o êxito.

20. Seria sumamente importante para o estudo correto da criança difícil e com retardo e para a direção do trabalho prático das escolas e dos pedólogos organizar gabinetes de consultas pedológicas (*Heilpädagog, Beratungsstelle*),[25] que exerceram brilhantemente sua missão na Alemanha, Áustria e outros países. Esses gabinetes devem converter-se em centros de estudo da criança difícil e com retardo mental.

21. É absolutamente necessário organizar e dirigir com acerto a *elaboração da investigação científica* desses problemas e relacioná-los estreitamente com o trabalho *prático de investigação diagnóstica* de mesmo teor.

---

[25] *Heilpädagogik*, literalmente, significa pedagogia da cura. Trata-se de um campo de estudo equivalente à educação especial. Atualmente, na Alemanha, não é um termo empregado, pois é considerado inapropriado por admitir a ideia de que a criança se encontra doente. *Beratungsstelle* é uma espécie de centro de orientação ou de aconselhamento. (N.T.)

A INFÂNCIA DIFÍCIL

A psicologia da criança difícil representa um dos problemas mais atuais, estudado sob vários aspectos, pois são muito amplos os conceitos "criança difícil" e "criança dificilmente educável". Deparamo-nos, aqui, com categorias de crianças que se diferenciam profundamente umas das outras, unidas por um único sintoma negativo: todas se mostram difíceis de serem educadas. Por isso, os termos "criança difícil" ou "dificilmente educável" não são científicos nem contêm conteúdo psicológico ou pedagógico definido. Trata-se de uma designação geral de vastos grupos de crianças distintos uns dos outros, uma designação preliminar proposta por razões de comodidade prática.

O estudo científico dessas formas de desenvolvimento infantil ainda não avançou a ponto de podermos dispor de definições mais exatas. Particularmente, durante o último período, assinala-se com acerto que o problema da educabilidade difícil não deve limitar-se apenas à idade infantil. Na realidade, na conduta do adulto encontramos, com frequência, formas que apresentam analogia direta com a infância difícil e, a despeito de não podermos denominar os adultos de dificilmente educáveis, pois não os educamos, eles são, de qualquer modo, pessoas difíceis. Na tentativa de esclarecer esse conceito, temos nos referido aos casos em que os adultos se mostravam difíceis na família, no trabalho produtivo e social. Do ponto de vista psicológico, foi possível demonstrar, de modo concreto, que, assim como nas crianças, neles existem exatamente as mesmas manifestações de sua dificuldade e outros sintomas. Em outras palavras, referíamo-nos a formas do caráter ou graus de aptidão da pessoa que geraram uma série de dificuldades e insuficiências em sua adaptação social, em sua atividade e conduta. O problema se amplia cada vez mais e os psicólogos norte-americanos mais destacados que trabalham nesse campo propõem distingui-lo como um ramo especial do saber psicológico que, provisoriamente, denominam de "psicologia intermediária". Com isso têm em conta não os distúrbios da atividade nervosa que assumem formas neuropatológicas ou psicopatológicas, mas as que, não obstante permaneçam dentro dos limites da norma, apresentam dificuldades muito sérias que impedem o processo correto de educação, de atividade social de trabalho, de vida pessoal e familiar da pessoa.

Em virtude da extraordinária complexidade e amplitude desse tema, permitam-me deter-me apenas em dois pontos fundamentais que possuem um significado central. São os problemas da formação do caráter e do talento infantil, uma vez que, em sua grande maioria, as crianças difíceis apresentam complexidades, sobretudo nesses dois campos. Mais comumente, temos diante de nós ou uma criança com dificuldade para a instrução decorrente de uma aptidão ruim ou inferior ou uma criança difícil de educar devido a determinadas estruturas de seu comportamento, a traços de seu caráter que a tornam arredia. É difícil lidar com ela, ela não se submete à disciplina escolar etc. Vejamos o problema do caráter difícil ou o da formação do caráter infantil.

1

Durante os últimos tempos, na psicologia, o problema do caráter vem sendo submetido a uma revisão, a uma verificação. Não se inclui em meu propósito tratar integralmente este problema. Interessa-me apenas o aspecto relacionado à criança dificilmente educável.

Nas teorias modernas sobre o caráter, os pesquisadores realizam seu trabalho em duas direções opostas. Alguns psicólogos investigam o fundamento biológico do que denominamos caráter humano ou, mais exatamente, o temperamento que guia o homem. Estudam as inter-relações entre os sistemas orgânicos que se correlacionam com algum tipo de comportamento. O exemplo mais claro de investigação, cuja base se associa ao conhecimento do corpo humano, pode ser a famosa teoria de E. Kretschmer. Outros investigadores estudam não tanto o fundamento biológico, orgânico do caráter, mas também como se desenvolve nas diversas condições do meio social em que a criança forma seu próprio caráter. Dito de outro modo, esses pesquisadores analisam não o temperamento, mas o caráter, no sentido literal da palavra. Levam em conta as estruturas do comportamento humano que não surgem pela herança, mas são formadas, ainda que sobre a base de condições hereditárias, no processo de educação, de desenvolvimento da criança, de adaptação a determinado meio. São de maior interesse, precisamente, as investigações dessa segunda ordem porque se aproximam mais do problema da formação do caráter difícil na criança ou dos desvios de caráter. Tentarei demonstrar isso.

Permito-me começar por um exemplo concreto que esclarecerá como os psicólogos modernos tendem a descrever a formação de certos traços de caráter, de certas estruturas do comportamento humano. Suponham que estejamos diante de uma criança que padeça de uma deficiência auditiva seja lá por que causa for. Pode-se imaginar facilmente que essa criança passará por uma série de dificuldades para se adaptar ao meio circundante. Durante as brincadeiras, outras crianças a marginalizarão, ela ficará para trás nos passeios, será afastada da participação ativa numa festa infantil, numa conversa etc. Em síntese, a criança que possui audição reduzida em função de uma simples insuficiência orgânica será colocada numa posição social inferior em relação às demais crianças. Queremos dizer que, no processo de adaptação ao meio social, ela encontrará obstáculos maiores do que encontra uma criança comum. Como essa circunstância influirá na formação do caráter infantil?

Penso que o desenvolvimento do caráter da criança seguirá as linhas fundamentais, a saber: devido ao defeito auditivo, encontrará dificuldades e, por isso, desenvolverá uma sensibilidade, atenção, curiosidade, desconfiança apurada a respeito do meio que a cerca; pode ser que forme outra série de traços, cujo aparecimento será compreendido se levarmos em consideração que essas particularidades do caráter são a reação da criança às dificuldades que encontra em seu caminho. Tratada como objeto de zombaria pelos colegas, devido à sua insuficiência, a criança tenderá a formar uma acentuada desconfiança, curiosidade e vigilância. Toda essa superestrutura psicológica complexa, isto é, esse complexo sistema estrutural de modo de agir, pode ser entendido como a reação, a resposta às dificuldades que encontra no processo de adaptação ao meio social.

Podemos assinalar três tipos fundamentais dessa formação reativa por parte da criança. Uma delas é conhecida da psiquiatria: na medicina, denomina-se delírio do surdo. Esse tipo é tão diferente dos demais que os psiquiatras já o apontaram há muito tempo. Nas pessoas surdas, começam a aparecer formações reativas sobre as quais já falei. No homem que começa a se tornar surdo, desenvolvem-se a desconfiança, a incredulidade, a apreensão e a vigilância. Cada palavra dita por alguém a seu redor enseja um motivo para uma grande angústia. Parece-lhe que as pessoas tramam algo ruim contra ele. Ele perde o sono, começa a temer que o matem, tende a acusar qualquer pessoa desconhecida de suspeita de urdir um complô contra ele. Finalmente, surge o delírio de perseguição.

Por sua natureza psicológica, esses traços do caráter são os mesmos pelos quais comecei minha exposição? Suponho que essa formação se manifesta como resposta às dificuldades de adaptação ao meio. Se a insuficiência auditiva não isolasse essa pessoa do meio circundante e continuassem normais as relações dela com quem está à sua volta, não existiria nenhum comportamento especial. Embora possamos dizer que aqui existe uma formação reativa, a desconfiança e a vigilância são uma estrutura do comportamento, certo modo de agir no meio circundante, um modo elaborado de resposta às dificuldades encontradas. Mas essa é uma estrutura fictícia, que não parte da realidade, visto que as pessoas próximas não lhe desejam o mal. Além disso, esses modos de comportamento que nosso paciente elaborou como resposta às dificuldades, na realidade, não as superam. As dificuldades surgiram de ideias que diferem da realidade e o paciente luta contra esses fantasmas com meios também ilusórios. Os psicólogos modernos propõem denominar esse sistema de formação de determinados traços do caráter de compensação fictícia. Dizem que essa estrutura de vigilância, de desconfiança e de apreensão surge como compensação quando a pessoa tende a se defender, de algum modo, das dificuldades que lhe são apresentadas. Se voltarmos ao exemplo com o qual começamos, também na criança surda são possíveis duas linhas opostas de desenvolvimento do caráter. A primeira (podemos chamá-la de compensação real) surge em resposta a dificuldades mais ou menos reais. Assim, se uma criança surda elabora uma sensibilidade apurada, um espírito de observação, curiosidade, atenção e sagacidade particulares, aprende a conhecer por meio de indícios pouco claros o que outras crianças reconhecem mediante a percepção auditiva; ela não abandonará nenhum ponto de vigilância para não deixar nada lhe escapar porque seu ponto de partida é a observação real das dificuldades. Isso se chama compensação real. Já falamos acerca da compensação fictícia.

Finalmente, a última formação. Ela pode assumir as mais diversas formas. Poderemos encontrar os dois tipos de compensação mencionados (a do delírio e a real). O terceiro tipo é o mais difícil de definir; é tão diverso e a tal ponto não apresenta uma unidade externa que me foi difícil designá-lo com uma única palavra. Contudo, vejamos, aproximadamente, em que consiste. Imaginem que uma criança sofra de determinada debilidade. Em certas condições, essa debilidade pode converter-se em força. A criança pode escudar-se nessa debilidade. É débil, ouve mal; isso reduz sua responsabilidade, em comparação às demais crianças, e requer mais cuidados por parte de outras pessoas. A criança, então, começa a cultivar a enfermidade, uma vez que esta lhe dá direito de exigir que se lhe prestem mais atenção. É como se, por um caminho confluente, fossem compensadas as dificuldades que experimenta. Os adultos sabem quais vantagens implicam uma enfermidade quando a responsabilidade das crianças é reduzida e, por isso, elas podem reivindicar uma situação excepcional. As crianças se aproveitam especialmente bem disso, quando, devido à enfermidade, mostram-se, prontamente, no centro da atenção de todos os que a cercam. Essa fuga por meio da enfermidade ou esse modo de escudar-se em sua debilidade representa o terceiro tipo de compensação acerca do qual é difícil dizer se é real ou não. É real porque a criança consegue certas vantagens, mas também é fictício porque ela não se livra das dificuldades e, ao contrário, acentua-as ainda mais. Estamos falando de uma criança que agrava a própria insuficiência. Se ela sofre de insuficiência auditiva, é propensa a ostentar uma lesão mais grave que a existente por ser, de certo modo, vantajosa para si.

Todavia, podem surgir também reações de outra natureza. A criança pode compensar as dificuldades com ações agressivas em resposta ao meio social em que se encontra (o meio infantil, o familiar ou o escolar). Em outras palavras, a criança pode seguir o caminho da compensação, mas de outro tipo. Permitam-me mostrar com um exemplo concreto este caso de criança surda. Pode aparecer nela uma irritabilidade, obstinação, agressividade elevadas para com outras crianças; ela se esforça, com meios práticos, por recuperar o que sua insuficiência lhe subtraiu. A criança que, em consequência de sua surdez, ocupa o último lugar nos jogos, tenderá a desempenhar um papel mais importante. Tenderá a estar sempre com crianças menores. Essa compensação é muito peculiar. Nesse caso, estão se formando traços do caráter que, convencionalmente, chamaríamos de sede de poder, aspiração ao "absolutismo", à teimosia, isto é, uma tendência a sempre dar a palavra final, mesmo que o que se proponha não a impeça, em absoluto, de fazer o que deseja. O que une esse último caso de desenvolvimento do caráter infantil com o anterior, quando a criança se refugia na enfermidade ou cultiva sua debilidade? Até certo ponto, essa compensação é real porque a criança obtém, por outros meios, o que sua insuficiência lhe priva e, ao mesmo tempo, é falsa porque, na coletividade dos menores, com ajuda da teimosia, da força, consegue o que deseja, mas não supera, de fato, as dificuldades que tem diante de si.

Com base nesses exemplos, podemos dizer que o desenvolvimento do caráter infantil se fundamenta no mecanismo da reação compensatória, ou seja, da reação que procura superar as dificuldades que a criança enfrenta. Essa reação pode se desenvolver sob três formas diferentes sobre as quais discorremos: real, fictícia ou o tipo intermediário de compensação. Com os exemplos apresentados fica absolutamente claro que entramos no terreno da psicologia da criança dificilmente educável porque, inclusive no caso da compensação real, vocês encontrarão enormes dificuldades para a educação do caráter infantil: a criança que formou uma sagacidade elevada e outras qualidades positivas também desenvolve defeitos sob a influência dos aspectos que não são compensados, ao se esforçar para superar a degradação da posição real provocada por seu infortúnio. Este não será um processo feliz, mas consideravelmente desafortunado; não podemos denominá-lo de patológico porque conduz à saúde e tampouco de saudável porque se realiza de um modo patológico.

Ao se deparar com dificuldades próprias do meio, a criança se confronta com fenômenos insuperáveis que influem na formação de seu caráter. Então, forma-se uma criança com caráter contraditório em que as qualidades espirituais se mesclam e nunca é possível afirmar com certeza o que acontece, mas apenas comentar: "Não sei o que dizer, era incorrigível, não se conseguia lidar com ela; mas, agora, não param de elogiá-la". Ou, então, ao contrário: "Era boa e, agora, não há como sê-lo".

Se levarmos em conta outros casos de compensação, estaremos diante de uma criança difícil, no sentido literal da palavra, ou seja, estaremos diante de traços de caráter contra os quais os pedagogos devem travar uma luta prolongada e que obstaculizam a formação normal das estruturas especiais de que necessitamos.

2

Detenho-me, brevemente, nos métodos de intervenção que essa concepção psicológica do caráter infantil recomenda. Esse novo sistema de educação da criança difícil não foi formalizado em lugar algum, não foi dita a última palavra; em lugar algum, transformou-se em um sistema elaborado, mas são feitas tentativas em diversos países, inclusive no nosso. Diante de vocês, quero apenas ilustrar o princípio psicológico que deve servir de base para a educação dessa criança. O pedagogo vienense A. Friedman denomina esse princípio de "dialética metódica",[1] isto é, um enfoque com o qual se deve fazer algo inverso ao objetivo direto para se conseguir o resultado necessário. Friedman relata o caso de uma criança com extrema excitabilidade nervosa que, com seus ataques de nervos, mantinha a todos que o cercavam com terror e submissos. Durante as aulas, correndo, aproximava-se da janela com a pasta e gritava: "Vou atirá-la pela janela". A professora dizia-lhe: "Como quiser" e a criança ficava perplexa porque, como explicava a professora, ela cedia, exteriormente, para conseguir domínio sobre a criança, para tomar a ofensiva. A professora compreendia que o garoto desejava atirar fora a pasta não porque as aulas o aborreciam muito, mas porque desejava atemorizá-la. Ao fingir submeter-se ao menino com sua resposta, ela havia cortado, súbita e radicalmente, essa reação, colocando-o, desse modo, numa situação difícil. Qualquer exemplo de educação como esse ou ação dessa índole é calculado para se adaptar exteriormente à insuficiência da criança, compreendendo-se as raízes psicológicas de uma determinada reação ou estrutura da

---

[1] Fridman, A. (?). Pedagogo alemão, estudou questões da pedagogia terapêutica psicológica-individual. L. S. Vigotski avaliava positivamente as ideias de Fridman sobre os processos de compensação. Fridman considerava que o destino da pessoa com defeito orgânico não depende do defeito em si, mas de suas consequências sociais. A compensação, segundo ele, deve ser direcionada não para a superação direta do defeito, o que, na maioria das vezes, é impossível, e sim para a eliminação de obstáculos que são criados pelo defeito. Como seguidor de A. Adler, Fridman é conhecido também como o criador do princípio da "dialética-metódica", que ele recomendava empregar em relação a crianças difíceis. Seguindo esse princípio, o educador precisa agir em direção contrária ao objetivo apresentado. (N.E.R.)

criança, fazendo-se prevalecer diante dela, isto é, ceder a ela para vencê-la. É isso que Friedman chama de "dialética metódica". Aplicamos esse princípio toda vez que nos recusamos a reprimir determinada reação da criança com a opressão direta.

Se começarmos a compreender as causas que provocam certas dificuldades, a também combater a raiz e não a manifestação das dificuldades que originam esses traços negativos do caráter, se utilizarmos as insuficiências para transformá-las em traços positivos do caráter, esse conjunto de ações será denominado princípio da dialética metódica. Por exemplo, num grupo de crianças, há uma criança desorganizadora que impede as demais de trabalharem, infringindo a disciplina. Procurem influir sobre ela do seguinte modo: proponham-lhe o papel de organizadora da classe, façam-na chefe do grupo e será obtida uma relativa tranquilidade. Relativa, pois, proceder desse modo é muito arriscado se, oportunamente, não se domina esse chefe. Contudo, como disse Friedman, o melhor é colocar o ladrão para cuidar do celeiro. Mas se não colocarem nessa situação, dentro do grupo, a criança que aspira a certa posição e a expressa fazendo fracassar as aulas, esse sentimento encontrará outra saída. Se ela for frustrada em sua prepotência autocrática, seguirá o caminho que lhe convém. No caso dessa criança, deve-se conseguir uma mudança em sua estrutura ou uma transformação de sua debilidade ou de seus traços negativos em positivos, em certa força, em algo que pode favorecer a formação de traços positivos de caráter.

Para concluir o primeiro problema, quero assinalar qual é o interesse psicológico vigente que a criança difícil apresenta, como se entrelaçam as características favoráveis e as desfavoráveis, de que modo, neste caso, uma contradição domina outra e como dificuldades idênticas com as quais se depara uma criança podem contribuir para a formação de aspectos tanto positivos quanto negativos do caráter.

Uma observação antiga diz que crianças dificilmente educáveis, com frequência, são talentosas, ainda que, nesses casos, deva-se enfrentar a mentira infantil, a teimosia etc. É difícil admitir que toda essa energia psicológica, toda essa estrutura da conduta não possa ser desviada de certos cursos de desenvolvimento e redirecionada a outros. Não posso dizer que esse seja um problema muito simples, bastando resolvê-lo teoricamente para modificar praticamente tudo, nem encontrar algum meio que faça desviar, subitamente, todo o desenvolvimento da criança da esquerda para a direita e vice-versa. De fato, esse problema é infinitamente difícil porque, se o desenvolvimento seguiu um curso equivocado, toda uma série de forças e circunstâncias orgânicas e exteriores, inclusive causais, contribuem para que ele siga, precisamente, nessa direção. Orientar o desenvolvimento para um determinado fim é sumamente difícil e complexo. É necessária uma ação abrangente e profunda. Os recursos mais ou menos externos costumam ser muito eficazes quando se trata de uma criança que não oferece grande resistência. Mas todos esses meios, por si excelentes, são inúteis quando se encontra uma resistência terrível da criança. Essa resistência representa realmente uma enorme força, pois a criança não é teimosa porque quer sê-lo, mas porque certas causas que determinaram o desenvolvimento de seu caráter desde o princípio formaram essa teimosia. Reeducar uma criança assim é uma tarefa muito prolongada e complexa e, para isso, praticamente, apenas começamos a encontrar os recursos mais gerais.

3

Permitam-me deter-me em outro problema psicológico estreitamente ligado à educabilidade difícil: o do talento. Há crianças que apresentam dificuldade com respeito à educação devido a certas insuficiências de caráter, mas há uma enorme quantidade de crianças que apresenta dificuldades no ensino devido a certas deficiências de talento, isto é, pela insuficiência da base geral de desenvolvimento psicológico que a impede de estudar na escola e adquirir os conhecimentos que outras crianças adquirem. Subentende-se que trato, agora, dos problemas apenas em seus traços mais gerais e omito os casos confusos porque a criança com dificuldades no estudo pode ser também dificilmente educável: omito os casos fronteiriços e os que não correspondem às divisões mencionadas. O problema do talento também tem sido submetido a uma revisão, porém muito mais profunda que a do caráter. Enquanto no estudo do caráter vemos a continuidade das duas linhas fundamentais conhecidas desde a época da psicologia antiga, a saber, a teoria que vincula o caráter às particularidades do organismo ou às condições sociais da educação, no problema do talento, a psicologia moderna está dando uma guinada no sentido pleno da palavra.

É muito difícil expor, sistematicamente, o problema do talento. Novamente, assim como ocorreu com o problema do caráter, permito-me tratar de apenas um aspecto do assunto. A questão da educação e do desenvolvimento da criança com dificuldade nos estudos tem uma relação direta com a da unidade ou da multiplicidade do talento. A questão é a seguinte: se o talento representa um aspecto, fator ou função única, homogênea, integral ou se, sob essa denominação geral, ocultam-se muitas formas. Essa questão atravessou muitos estudos e, na história do estudo da aptidão, encontram-se poucos capítulos tão amplos como esse.

Limito-me a analisar o ângulo do problema do talento que está diretamente vinculado ao problema da criança difícil. Todas as investigações psicológicas afirmam que o talento não representa uma função integral, mas uma série de diferentes funções e fatores que estão unidos em um todo geral. Nossa concepção de talento como uma função formada depende disso. A definição de "infância débil", em particular, mostra que nossa noção de talento é insuficientemente precisa. Chamamos de "débil" uma criança que possui qualidades negativas. Qualquer criança que, com dificuldades, aceitasse a disciplina e o ensino na escola era registrada por nós como criança com dificuldade nos estudos. Avaliava-se alguma função, a atenção, por exemplo, e o resultado informava que esta era inferior à da criança normal. Afirmava-se o que faltava à criança com retardo, mas não se dizia o que ela possuía.

Verificou-se que crianças com distúrbios em algumas funções possuem diferentes funções suplementares, não existentes em crianças normais. Por isso, O. Lipmann tem muita razão quando diz que não deve haver nenhum psicólogo que se decida a definir uma criança débil mental simplesmente como débil mental. O psicólogo não deve fazer isso, do mesmo modo que um médico moderno não pode definir um paciente somente pelo grau de sua enfermidade. Quando se leva uma criança ao médico, ele indica não apenas os aspectos negativos da saúde como também os positivos que compensam o estado físico. Do mesmo modo, o psicólogo deve diferenciar o retardo infantil e analisar em que consiste.

Indicarei as formas fundamentais de combinações de retardo e desenvolvimento dessas crianças, estudadas pelos psicólogos contemporâneos. Devo fazer a ressalva de que a questão não se esgota com as formas sobre as quais falarei. Estas devem mostrar a complexidade que o problema da psicologia da criança com retardo alcança agora e quão difícil é resolvê-lo com a indicação do que falta a uma determinada criança com retardo.

Ao nos determos nesse problema, é preciso dizer, antes de tudo, sobre a enorme importância da diferenciação da insuficiência motriz infantil. Diversos autores começaram a observar essa forma particular de retardo infantil que denominaram de distintas maneiras: debilidade motriz, idiotia motriz etc. Contudo, sua essência é a mesma, seja qual for o modo como é denominada. Temos diante de nós uma criança que não apresenta uma evidente lesão grave do aparelho motor. Não obstante, ela manifesta um retardo nos movimentos, o que pode ser estudado de dois modos diferentes: valendo-se de uma escala elaborada, registrar os tipos de movimentos que se atrasam aos 6, 7, 8, 10 anos e determinar o atraso em dois, três anos ou mais ou comparar os aspectos de sua aptidão intelectual com a escala de G. I. Rossolimo,[2] dizendo se a criança apresenta uma coordenação insuficiente da mão esquerda e da direita, uma vez que, dificilmente, combina os movimentos das mãos etc. Fracassou a visão anterior de que pode se tratar quer do retardo

---

[2] Rossolimo, Grigori Ivanovitch (1860-1926). Neuropatologista, psiquiatra e psicólogo russo e soviético. Fundou, em 1911, com recursos próprios o Instituto de Neurologia e Psicologia Infantil (que veio a ser a primeira clínica de doenças neurológicas infantis na Europa). Em 1917, doou o Instituto para a Universidade de Moscou. As obras de Rossolimo abordam um amplo espectro de questões da neurologia, da defectologia e da psicopatologia. Os métodos de investigações quantitativas das funções psíquicas, os denominados perfis psicológicos, propostos por ele, em 1910, ganharam notoriedade. As pessoas observadas recebiam, individualmente, uma série de tarefas para "atribuição de sentido", "receptividade", "memorização", "imaginação" etc.; a avaliação levava em consideração o maior número de tarefas resolvidas em menos tempo. Com base nos dados obtidos, Rossolimo construía gráficos especiais (perfis) que, segundo ele, fixavam os traços psicológicos dos indivíduos submetidos ao experimento. Rossolimo também propôs uma fórmula de transferência dos perfis da linguagem gráfica para a aritmética. A construção de perfis também tinha como objetivo avaliar quantitativamente o grau de distúrbio das funções psíquicas, em diferentes formas de patologia. Rossolimo trata da psique psique individual como um conjunto de funções isoladas e de suas inter-relações, que se expressam com o auxílio de indicadores quantitativos; suas ideias não correspondem ao nível teórico da psicologia contemporânea e não refletem a essência do defeito; entretanto, psicólogos, psiquiatras e defectólogos constantemente estudam suas obras. (N.E.R.)

intelectual quer do retardo motor. Na maior parte das vezes, essas formas se apresentam juntas, mas, com muita frequência, o retardo motor não é acompanhado do intelectual e, também, inversamente, o retardo intelectual não conduz inevitavelmente ao retardo motor.

A última investigação de Krüdelen,[3] na Alemanha, mostrou que a grande maioria das crianças débeis possui uma aptidão motora não inferior à sua idade. Em princípio, este fato tem grande importância tanto para a teoria do retardo infantil como para o trabalho prático com as crianças: se dois aspectos do desenvolvimento podem transcorrer independentemente um do outro, fica claro que a própria palavra "retardo" demanda uma subdivisão ulterior. Isso em primeiro lugar. Em segundo lugar, como demonstrou a investigação, um aspecto do desenvolvimento pode representar, em relação a outro, o núcleo da compensação, isto é, pode-se reforçar na criança o que ela possui. Segundo as circunstâncias, a criança se desenvolverá intensamente no aspecto motor ou, ao contrário, serão potencializadas as possibilidades cognitivas, o aspecto intelectual do desenvolvimento. Este fato tem grande importância para a teoria psicológica do talento. Se comprovado com abundante material, apoiaria a opinião de que a tendência ao desenvolvimento acentuado em algumas esferas pressupõe a possibilidade de uma insuficiência em outras nas quais a criança se depara com dificuldades. Esse fato é comprovado estatisticamente. Embora não operemos, aqui, com magnitudes matemáticas determinadas, o significado psicológico do fato mencionado não será em nada diminuído devido a isso; o

---

[3] Krüdelen. (?) Psicólogo e defectólogo alemão. Vigotski apresenta dados de investigações em que analisa a correlação entre o retardo intelectual e motor em crianças débeis. Segundo Krüdelen, o grau de habilidade motora em débeis pode não ser inferior à norma. Esse fato era considerado muito importante por Vigotski do ponto de vista do processo de compensação. (N.E.S.)

importante é que essa correlação é possível e o desenvolvimento motor nas crianças mentalmente retardadas conduz a resultados positivos. Com base nisso, precisamente, podemos explicar por que 90% das crianças que não são capazes de estudar na escola comum podem executar um trabalho, não de modo elementar como no caso dos imbecis, mas participando de formas mais complexas de trabalho.

Também é diferente o próprio retardo intelectual. Fala-se, por exemplo, de retardo intelectual leve. Nesse caso, o retardo e sua compensação podem transcorrer independentemente um do outro, chegando, inclusive à antítese, até o ponto em que um aspecto represente a compensação do outro que está diminuído. Isso será denominado de intelecto prático.

Convencionalmente, psicólogos contemporâneos denominam de intelecto prático a capacidade do animal ou da criança de atuar racionalmente. O estudo de W. Köhler com chimpanzé demonstrou que a capacidade de atuar de modo racional não está, forçosamente, vinculada à de raciocinar. As observações dizem que uma criança que, no aspecto teórico, parece ser retardada num grau profundo, do ponto de vista do intelecto prático, da ação prática, mostra-se consideravelmente avançada. No âmbito da ação prática racional, progrediu muito mais do que no desenvolvimento teórico. Lipmann aplicou o método de Köhler à investigação de imbecis e descobriu que, diante do enorme retardo intelectual, seu senso prático se mostrava superior ao intelectual; todo um grupo dessas crianças se mostrou capaz de realizar ações racionais. Lipmann apresentou um experimento sumamente interessante: propôs a crianças que resolvessem a mesma tarefa, primeiramente, pela ação e, depois, teoricamente. A tarefa consistia em tirar um determinado objeto de uma bandeja oscilante. Quando a criança se aproximava do objeto e tentava alcançá-lo, havia um determinado resultado;

quando começava a raciocinar, o caráter do raciocínio era outro. Ela não conseguia resolver, teoricamente, o quebra-cabeça, mas, na prática, fazia-o muito bem. O estudo do intelecto de crianças mentalmente retardadas, há muito, demonstrou que, com grande frequência, a criança é muito mais engenhosa na prática do que na teoria, que age racionalmente e "pensa" muito melhor com as mãos do que com a cabeça. Algumas investigações demonstraram que o intelecto prático e o teórico podem relacionar-se inversamente entre si e que, precisamente, devido à insuficiência de pensamento abstrato, a criança desenvolve muito mais o intelecto prático e muito pouco o teórico.

Vamos esclarecer isso em relação ao desenvolvimento cultural que, assim como o intelecto prático, articula-se à utilização dos modos culturais de pensamento, em particular, do pensamento verbal. Ultimamente, identificou-se uma forma de pensamento infantil que lança luz sobre o problema do desenvolvimento cultural – *o primitivismo infantil* como o grau de desenvolvimento cultural mínimo da criança. Permitam-me citar um exemplo de primitivismo infantil, que empresto de A. E. Petrova,[4] que investigou esse fenômeno na clínica de M. O. Gurevitch.[5] Foram estudadas as reações adaptativas de uma

---

[4] Petrova, Anna Evguenievna (1888-?). Psicóloga e pedagoga soviética. Trabalhou na escola-sanatório psiconeurológica e pedológica de Moscou, pertencente ao Comissariado de Saúde Pública. Investigou o primitivismo infantil e demonstrou sua diferença em relação ao retardo mental autêntico. Vigotski valorizou muito suas investigações do primitivismo infantil do ponto de vista de sua teoria do desenvolvimento histórico-cultural e de vários problemas da Defectologia. Considerava que os dados sobre a possibilidade de um retardo no desenvolvimento cultural impõem a tarefa de submeter "a uma revisão muitos aspectos da defectividade e da infância com dificuldade na instrução". (N.E.S.)

[5] Gurevitch, Mirrail Ossipovitch (1878-1935). Psiquiatra soviético. Autor de muitos trabalhos fundamentais sobre psiquiatria geral e infantil. Descreveu a insuficiência do desenvolvimento da esfera motriz na criança. Destacou que os defeitos motores nas crianças nem sempre se combinam com os intelectuais. (N.E.S.)

criança profundamente retardada. Ela esteve em muitas instituições para crianças, de onde fora encaminhada ao hospital psiquiátrico com suspeita de uma enfermidade psíquica. No hospital, não constataram nenhuma enfermidade psíquica, e a criança começou a fazer parte das investigações na clínica de Gurevitch. Tratava-se de uma menina tártara que, no início da infância, havia mudado de uma língua ainda não consolidada para outra. Ela compreendia os que falavam esta língua, mas não estava habituada, absolutamente, a pensar com ela. Não estava acostumada ao fato de que, com base em algumas palavras, é possível fazer uma dedução. O psicólogo apresentou-lhe uma série de tarefas mentais, em alguns casos, de um modo prático e, em outros, verbalmente. Nas tarefas práticas, a criança apresentou resultados positivos, ao passo que, nas verbais, reagia com total incompreensão, com total incapacidade de raciocinar. Por exemplo, disseram-lhe: "Minha tia é mais alta que eu e meu tio é ainda mais alto do que a minha tia. Meu tio é ou não mais alto que eu?" A menina respondeu: "Não sei. Como posso dizer se seu tio é mais alto que você se eu nunca o vi?" Ela respondia do mesmo modo a todas as perguntas: se não havia visto algo com os próprios olhos, nada podia dizer. Não imaginava que com base em duas premissas verbais pode-se também, verbalmente, deduzir uma terceira. Isso era-lhe impossível. Era uma criança retardada no desenvolvimento cultural, no desenvolvimento do pensamento verbal, mas não uma débil mental, ainda que, exteriormente, parecesse: raciocinava mal, dava respostas absurdas, recusava-se a efetuar uma simples operação mental. Entretanto, cairíamos no erro mais grosseiro se pensássemos que a criança não soubesse extrair uma conclusão com base em dados práticos.

Permitam-me enunciar uma conclusão: no que tange à compreensão do talento infantil e de seus aspectos negativos, tais como a dificuldade da criança para os estudos, e a defectividade, realiza-se, agora, uma profunda revisão das velhas concepções.

A velha noção de talento como função única está desaparecendo e, em seu lugar, apresenta-se uma nova afirmação relativa à complexidade funcional de suas distintas formas. Por isso, penso que o mais correto é concluir essa exposição com a indicação da forma de investigação que se deve escolher para o estudo da debilidade. Trazem à consulta uma criança que, segundo suspeitas dos pedagogos, é mentalmente retardada. Anteriormente, de um modo geral, convenciam-se de que a criança não manifestava o que deveria manifestar, não se orientava nas condições ambientais mais simples, e essa era a conclusão. Agora, a primeira exigência que a psicologia contemporânea faz consiste em que não se pode nunca indicar apenas as características negativas da criança porque isso não diz absolutamente nada sobre o que ela tem de positivo. Suponhamos que a criança não domine certos conhecimentos – por exemplo, que não tenha qualquer noção sobre o calendário – mas não saibamos ao certo o que ela domina. Agora, o estudo se reduz ao fato de que a caracterização da criança com retardo deve ser necessariamente dupla, assim como a medicina contemporânea apresenta uma classificação dupla da tuberculose: de um lado, caracteriza o estágio de desenvolvimento da enfermidade e, de outro, indica o grau de compensação do processo. Os índices 1, 2 e 3 indicam a gravidade da doença e as letras A, B e C, a compensação dela. Somente a integração dos dados fornece uma ideia completa da enfermidade do homem porque, ainda que alguém possa ser mais afetado que outra pessoa, sua compensação também pode ser maior. Uma pessoa pode ter o terceiro grau de tuberculose, mas sua compensação é tal que ela é capaz de trabalhar e pode fazê-lo, e na outra, o processo de afecção é muito menor, mas também menor a compensação, e o desenvolvimento da enfermidade cumprirão, assim, um papel mais destrutivo.

No estudo da criança anormal, o defeito não diz muito ao psicólogo, desde que não se determine o grau de compensação dele, desde que não se mostre a linha que segue a elaboração das formas de comportamento que se opõem ao defeito, quais são as tentativas da criança para compensar as dificuldades que encontra. Em quase todos os lugares, essa dupla caracterização se tornou um fenômeno habitual na prática. A rigor, temos pelo menos um caráter triplo dos defeitos e da compensação. Os que estudaram crianças de perto sabem com que frequência certa função, por exemplo, a memória, na criança retardada, é bastante acentuada, mas a desgraça é que a capacidade de a dominar é quase nula. Verifica-se exatamente o mesmo que na menina primitiva da qual falamos nesta exposição. Ela raciocina perfeitamente. Seus raciocínios continham o silogismo completo, mas a incapacidade de incluí-lo num encadeamento verbal de raciocínio fazia com que ela parecesse profundamente retardada.

Com frequência, encontramos tipos em que a base orgânica da memória é muito elevada ou se desvia de modo não significativo do nível médio ou o supera, mas a habilidade para memorizar e utilizar essa habilidade com a finalidade de realizar processos culturais mais elevados é insignificante. Citarei um caso que se refere a uma criança com retardo profundo, na qual a memória visual estava tão desenvolvida que, sem saber ler, era capaz de realizar as seguintes experiências: colocava-se, diante dela, anotações com os nomes de uma quantidade bastante grande de pessoas, representadas por imagens. Ante cada imagem, havia a anotação correspondente. Em seguida, misturavam-se as anotações e, pelo traço das palavras, a criança as colocava na ordem correta. Contudo, em que pese a memória visual colossal, essa criança não conseguia aprender a leitura porque memorizar, assimilar as letras, associá-las aos sons etc. era uma tarefa superior a suas possibilidades. Sua capacidade de assimilação era insignificante.

Na teoria atual, nasce uma nova ideia que consiste em dar uma dupla ou até tripla caracterização: a do intelecto prático, a dos dados práticos e a dos modos de sua utilização. Em síntese, no lugar da definição geral da debilidade mental, trata-se de determinar, primeiramente, em que se expressa; em segundo lugar, de responder à pergunta a respeito de como a própria criança tenta combater esse fenômeno e, em terceiro, que caminho deve seguir a escola para lutar contra as insuficiências de que padece uma determinada criança.

Quais são as conclusões pedagógicas que o novo enfoque da investigação impõe? Permito-me demonstrar isso com um exemplo concreto do trabalho da escola auxiliar. Sabemos muito bem que as crianças débeis mentais se distinguem pelo desenvolvimento insuficiente do pensamento abstrato e, por isso, o ensino a elas dirigido se apoia em meios visuais diretos. Contudo, esse tipo de ensino possibilita desenvolver apenas o pensamento visual-direto, acentuando suas debilidades. Nenhum dos pedagogos contemporâneos discute o fato de que o método visual direto de ensino ocupe um lugar fundamental na escola auxiliar, mas, levando em conta a debilidade mental da criança, é necessário formar nela certa base do pensamento abstrato, apoiando-se no material visual-direto. Em outras palavras, fazer progredir a linha geral de desenvolvimento da criança mentalmente retardada. Na pedagogia contemporânea (mesmo nos países menos inclinados a uma pedagogia revolucionária), um princípio começa a abrir caminho: na escola auxiliar, é preciso desenvolver o pensamento das crianças, formar nelas conceitos sociais e fazê-lo, necessariamente, com base em material visual-direto.

Assim, se resumirmos as conclusões práticas de tudo o que foi dito, pode-se afirmar que a diferença entre a nova e a velha prática não consiste em que a nova negue as velhas teses, mas que ela avança. Enquanto, antigamente, concebia-se a dificuldade infantil apenas como um sistema de insuficiência, a psicologia contemporânea procura mostrar o que se oculta sob esses aspectos negativos e, enquanto a velha educação se inclinava a ceder à insuficiência, a segui-la, a atual leva em conta a dificuldade, cede, a fim de vencer e superar a insuficiência que converteu a criança em uma criança dificilmente educável ou com dificuldade nos estudos.

PROBLEMAS FUNDAMENTAIS DA DEFECTOLOGIA CONTEMPORÂNEA[1]

1

Não faz muito tempo, todo campo de saber teórico e trabalho científico-prático, que convencionalmente identificamos pelo nome comum de "Defectologia", considerava-se algo assim como uma pedagogia menor, à semelhança de como a medicina diferencia a pequena cirurgia. Nesse campo, todos os problemas eram formulados e resolvidos como problemas quantitativos. M. Krüenegel constatou,[2] corretamente, que os métodos psicológicos de investigação da criança anormal mais difundidos (a escala métrica de A. Binet,[3] ou o perfil de G. I.

---

[1] Trabalho escrito com base em palestra na seção de Defectologia do Instituto de Pedagogia Científica da 2ª Universidade Estatal de Moscou. Publicado pela primeira vez em 1929 (ver: Trabalhos da 2ª Universidade Estatal de Moscou. – M., 1929. – T. I. – p. 77-106). (N.E.R.)

[2] Krüenegel, Max (?). Ao estudar o nível do desenvolvimento da motricidade das crianças com retardo mental, aplicou o esquema métrico de capacidade motora de N. I. Ozeretski. (N.E.S.)

[3] Binet, Alfred (1857-1912). Psicólogo francês. Obteve reconhecimento em função da escala métrica de desenvolvimento mental – o método psicodiagnóstico que foi elaborado por ele, em 1905, juntamente com T. Simon por encomenda do Ministério de Educação da França que, inicialmente, teria por objetivo

Rossolimo), baseavam-se numa concepção puramente quantitativa do desenvolvimento infantil que se complica pelo defeito (Krüenegel, M., 1926). Com a ajuda desses métodos, define-se o grau de rebaixamento do intelecto, mas não se caracteriza o próprio defeito, nem a estrutura interna da personalidade que ele cria. Seguindo Lipmann, podemos denominar esses métodos de medições, mas não de investigações de aptidão (*Intelligentmessagen*, mas não *Intelligentprüfungen*, Lipmann, O., Bogen, H., 1923), já que estabelecem o grau desta, mas não seu gênero e tipo (Lipmann, O., 1924).

O mesmo também vale com respeito a outros métodos pedológicos de estudo da criança defectiva, não somente psicológicos, mas que abarcam outros aspectos do desenvolvimento infantil (anatômico e fisiológico). Também aqui, as proporções, o tamanho e a escala constituem as categorias fundamentais da investigação, como se todos os problemas da defectologia fossem de proporções e toda a diversidade de fenômenos estudados por ela fossem abrangidos por um esquema único: "mais-menos". Na defectologia, começou-se a calcular e medir antes que expe-

---

a seleção de crianças com retardo mental para o encaminhamento delas a escolas auxiliares. Posteriormente, o método de Binet foi expandido também para a metrificação do intelecto normal. Na base do método, encontravam-se experimentos simples (testes) e de acordo com seus resultados determinava-se a assim denominada idade mental; em seguida, computava-se a diferença entre a idade mental e a cronológica; o número negativo significava retardo mental, o número positivo, superioridade intelectual. Mais tarde, Stern introduziu o coeficiente intelectual (QI) como correlação da idade mental com a cronológica (em %). São conhecidas múltiplas modificações do método de Binet nas traduções para línguas estrangeiras (na Rússia, a escala de Binet foi adaptada por M. A. Chubert). Desenvolvida pelo psicólogo norte-americano, L. Terman, na Universidade de Stanford, a escala denominada Stanford-Binet permanece um dos mais difundidos métodos de psicodiagnóstico. L. S. Vigotski avaliava criticamente o método de Binet em relação ao diagnóstico do desenvolvimento mental, já que ele praticamente não abordava o problema das peculiaridades qualitativas do intelecto. (N.E.R.)

rimentar, observar, analisar, desmembrar e generalizar, descrever e definir qualitativamente.

A defectologia prática também elegeu o caminho mais fácil do número e da medida e procurou reconhecer-se como uma pedagogia menor. Enquanto, na teoria, o problema resumia--se a um desenvolvimento quantitativamente limitado e de proporções reduzidas, na prática, naturalmente, promoveu-se a ideia de um ensino abreviado e mais lento. Na Alemanha, o próprio Krüenegel e, no nosso país, A. S. Griboiedov defendem corretamente uma ideia:[4] "É necessário revisar tanto os planos de ensino como os métodos de trabalho em nossas escolas auxiliares" (Griboiedov, 1926, p. 98), já que "a redução do material didático e o prolongamento do tempo de estudo desse material" (Griboiedov, 1926, p. 98), isto é, os aspectos puramente quantitativos, constituem, até agora, a distinção característica da escola especial.[5]

A concepção meramente aritmética da defectividade é o traço típico da defectologia antiga e caduca. A reação contra essa abordagem quantitativa de todos os problemas da teoria e da prática constitui o traço essencial da defectologia contempo-

---

[4] Griboiedov, Adrian Sergueevitch (1875- ?). Destacado representante da Defectologia nacional. Elaborou princípios do estudo, do exame, da educação e instrução de crianças com desvios da norma. Organizador de uma série de instituições científicas e de ensino, incluindo a cátedra de Pedagogia Patológica do Instituto de Psiconeurologia (1908) e do Instituto de Investigação Infantil da Academia Estatal de Psiconeurologia (1918), que recebeu o seu nome, em 1924. Com a participação e direção de Griboiedov foi realizado um grande trabalho prático no campo da psicopatologia infantil e da educação da criança difícil. L. S. Vigotski compara a sua abordagem de resolução dos principais problemas científicos e práticos da Defectologia com as investigações de Griboiedov e polemiza com ele, particularmente, a respeito das questões sobre o papel do fator orgânico no desenvolvimento da personalidade, sobre a especificidade da escola auxiliar, entre outras. (N.E.R.)

[5] Na União Soviética, a escola auxiliar corresponderia ao que, no Brasil, chamamos de escola especial. (N.T.)

rânea. A luta entre duas concepções defectológicas, entre duas ideias antitéticas, dois princípios, constitui o conteúdo vivo da crise benéfica que vivencia, agora, esse campo do saber científico.

A noção de defectividade como uma limitação puramente quantitativa do desenvolvimento tem, sem dúvida, parentesco ideológico com a peculiar teoria do preformismo pedológico,[6] segundo a qual o desenvolvimento pós-natal da criança se reduz exclusivamente a um crescimento quantitativo e a uma expansão de funções orgânicas e psicológicas. A defectologia desenvolve, agora, um trabalho ideológico semelhante àquele que, em sua época, fizeram a pedagogia e a psicologia infantil, quando defendiam o seguinte postulado: a criança não é um adulto pequeno. No momento, a defectologia luta pela tese básica em cuja defesa vê a única garantia de sua existência como ciência; precisamente, a tese que diz: a criança cujo desenvolvimento é complicado por um defeito não é simplesmente uma criança menos desenvolvida que seus coetâneos normais, mas uma criança desenvolvida de *outro modo*.

Se, pelo método da subtração, extrairmos da psicologia do vidente a percepção visual e tudo o que está vinculado a ela,

---

[6] Preformismo – teoria do desenvolvimento espontâneo do psiquismo no âmbito da qual o desenvolvimento psíquico da criança é visto como um desenrolar gradual, previamente determinado por fatores hereditários. A sucessão dos períodos de desenvolvimento e a ordem de surgimento de certas qualidades na criança são dadas desde o nascimento e não dependeriam das influências educacionais. Por isso, a instrução e a educação devem se estruturar de acordo com as possibilidades da criança. A teoria do preformismo reduz todo o desenvolvimento psíquico ao crescimento e à mudança quantitativa de aspectos já existentes. A teoria de Bühler, que analisava o desenvolvimento psíquico como maturação de capacidades inatas, apoiava-se na concepção preformista, assim como teorias de acordo com as quais as forças motrizes do desenvolvimento psíquico são as necessidades e as pulsões inatas (S. Freud, A. Freud, R. Spitz, D. Baldwin) e também as teorias inatistas (R. Descartes, G. Leibnitz e, atualmente, Darlington, Romski e Miller). (N.E.R.)

jamais obteremos a psicologia da criança cega. Exatamente do mesmo modo, a criança surda não é uma criança normal menos a audição e a fala. Já faz muito que a pedologia dominou a ideia de que o processo de desenvolvimento infantil, se analisado sob o ângulo qualitativo, é, segundo as palavras de Stern, uma cadeia de metamorfose (1922). No momento, a defectologia começa a dominar uma ideia semelhante. Assim como a criança, em cada etapa do desenvolvimento, em cada uma de suas fases, apresenta uma peculiaridade qualitativa, uma específica estrutura orgânica e de personalidade, a criança defectiva apresenta um tipo de desenvolvimento qualitativamente distinto e peculiar. Diz Gürtler que,[7] assim como do oxigênio e do hidrogênio não surge uma mistura de gases, mas água, a personalidade da criança débil mental é algo qualitativamente distinto da simples soma das funções e propriedades pouco desenvolvidas.

A especificidade da estrutura orgânica e psicológica, o tipo de desenvolvimento e de personalidade, e não as proporções quantitativas, distinguem a criança débil mental da normal. Há quanto tempo a pedologia compreendeu toda a profundidade e a autenticidade da comparação dos muitos processos de desenvolvimento da criança com a transformação da lagarta em crisálida e da crisálida em borboleta? No momento, pela boca de Gürtler, a defectologia declara a debilidade mental infantil como uma variedade especial, como um tipo especial de desenvolvimento e não como uma variante quantitativa do

---

[7] Gürtler, R. (?). Vigotski se refere positivamente a Gürtler, quando analisa qualitativamente o tipo de desenvolvimento peculiar da criança defectiva. Ao mesmo tempo, ele critica o primitivismo metodológico ("aula com lenço para assoar o nariz"), quando defende que há algo em comum entre as tarefas da escola normal e da auxiliar. Vigotski destaca também que Gürtler busca a base da Defectologia na filosofia idealista. (N.E.S.)

tipo normal. Isso, diz ele, são formas orgânicas diferentes, à semelhança do girino e da rã (Gürtler, R., 1927).

Realmente, existe uma correspondência completa entre a particularidade de cada degrau etário no desenvolvimento da criança e a peculiaridade dos diferentes tipos de desenvolvimento. Assim como a passagem do engatinhar para a marcha ereta e do balbucio para a fala é uma metamorfose, uma transformação qualitativa de uma forma em outra, a fala da criança surda-muda e o pensamento do imbecil são funções qualitativamente distintas, em comparação com o pensamento e a fala de crianças normais.

Apenas com a ideia de peculiaridade qualitativa (que não se esgota com as variações quantitativas de elementos separados) dos fenômenos e processos que a defectologia estuda, pela primeira vez, ela adquire uma base metodológica sólida, já que nenhuma teoria é possível se parte, exclusivamente, de premissas negativas, assim como não é possível prática educativa alguma construída sobre a base de um princípio e definição puramente negativos. Nessa ideia se encontra o centro metodológico da defectologia contemporânea; a relação com essa ideia define o lugar geométrico de cada problema particular e concreto e com ela desdobra-se um sistema de tarefas positivas teóricas e práticas para a defectologia, que se torna possível como ciência, já que adquire um objeto específico de estudo e conhecimento, metodologicamente delimitado. Com base na concepção meramente quantitativa da defectividade infantil, somente é possível a "anarquia pedagógica", segundo a expressão de B. Smith acerca da pedagogia terapêutica,[8] apenas é possível um resumo eclético e fragmentado de dados e procedimentos empíricos, mas não um sistema de conhecimento científico.

---

[8] Smith, B. (?). Sem informações a respeito do autor citado. (N.T.)

No entanto, seria um enorme erro pensar que, ao encontrar essa ideia, a formatação metodológica da nova defectologia terminou. Ao contrário, ela apenas se inicia. Enquanto se determina a possibilidade de uma classe especial de conhecimento científico, surge, de imediato, a tendência a darmos uma fundamentação filosófica. A busca de uma base filosófica é um traço essencialmente característico da defectologia contemporânea e indicador de sua maturidade científica. Assim que se afirma a peculiaridade do mundo dos fenômenos que é estudado pela defectologia, formula-se a questão dos princípios e modos de conhecimento e estudo dessa peculiaridade, isto é, o problema filosófico. R. Gürtler tentou encontrar o fundamento da defectologia na filosofia idealista (Gürtler, R., 1927); H. Nöll se ocupou do problema particular da preparação laboral dos educandos na escola auxiliar (Nöll, H., 1927),[9] apoiando-se na "filosofia de valores" contemporânea desenvolvida por W. Stern, A. Messer,[10] N. Meining,[11] H. Rickert e outros autores.[12] Se tais tentativas são ainda relativamente escassas, as tendências

---

[9] Nöll, H. (?). Sem informações a respeito do autor citado. (N.T.)
[10] Messer, A. (?). Sem informações a respeito do autor citado. (N.T.)
[11] Meining, N. (?). Sem informações a respeito do autor citado. (N.T.)
[12] Rickert, Heinrich (1863-1936). Filósofo alemão, um dos fundadores da escola neokantiana de Baden. Discutiu a ideia a respeito do método científico-natural universal, apontando sua limitação. Rickert desenvolveu ideias sobre a presença de duas abordagens ao objeto estudado. A abordagem científico-natural se direciona para a identificação do que é comum e do que é único, exclusivo e individual; a histórica pressupõe, precisamente, a análise das peculiaridades por meio do estabelecimento da relação do objeto com alguns valores que são produtos da cultura. As ciências naturais lidam essencialmente com o geral e a história e a ciência do espírito com o individual, o peculiar. Rickert criticava a psicologia que adotava os métodos naturais de conhecimento e apontava para o seu naturalismo, considerando que os objetos psíquicos exigem o conhecimento histórico. A crítica de Rickert à psicologia encontra eco na concepção histórico-cultural de Vigotski. Assim como Rickert, W. Windelband, G. Simmel e W. Dilthey, entre outros, contrapunham as ciências da cultura à da natureza. (N.E.R.)

a determinada formatação filosófica podem ser detectadas facilmente em quase toda nova obra científica mais ou menos importante que trate da defectologia.

Além da tendência à formatação filosófica, formulam-se para a defectologia contemporânea problemas totalmente distintos e concretos. Sua solução constitui o objeto da maioria dos estudos defectológicos.

A defectologia possui um objeto de estudo próprio e particular; deve dominá-lo. Os processos de desenvolvimento infantil que estuda apresentam enorme diversidade de formas, uma quantidade quase ilimitada de tipos diferentes. A ciência deve dominar essa peculiaridade e explicá-la, estabelecer os ciclos e as metamorfoses do desenvolvimento, suas desproporções e centros mutáveis, descobrir as leis da diversidade. Formulam-se, em seguida, problemas práticos: como dominar as leis desse desenvolvimento.

No presente artigo, procurou-se precisamente esboçar com espírito crítico os problemas fundamentais da defectologia contemporânea, em sua coerência e unidade interna, conforme o ponto de vista das ideias filosóficas e premissas sociais que se encontram na base da nossa teoria e prática educacional.

2

O fato fundamental que encontramos no desenvolvimento dificultado por um defeito é o papel duplo que a insuficiência orgânica desempenha no processo de desenvolvimento e de formação da personalidade da criança. Por um lado, o defeito é o menos, a limitação, a debilidade, a retração do desenvolvimento; por outro, precisamente porque cria dificuldade, estimula um movimento elevado e intenso para diante. O postulado central da defectologia contemporânea é o seguinte: todo defeito cria os estímulos para a realização de compensação. Por isso, o estudo dinâmico da criança defectiva não pode limitar-se ao estabelecimento do grau e da gravidade da insuficiência, mas inclui obrigatoriamente a consideração dos processos compensatórios, isto é, substitutivos, superestruturados e niveladores no desenvolvimento e no comportamento da criança. Assim como para a medicina contemporânea o importante não é a enfermidade, mas o enfermo, para a defectologia, o objeto não é a insuficiência em si, mas a criança acometida por ela. Por exemplo, a tuberculose não se caracteriza apenas pelo estágio do processo e gravidade do mal, mas também pela reação do organismo à enfermidade, pelo grau de compensação ou descompensação do processo. Assim, a reação do organismo e da personalidade da criança ao defeito é o fato central e básico, a única realidade com que a defectologia opera.

Há muito tempo, W. Stern assinalou o papel duplo do defeito. Assim como, no cego, não se eleva, compensatoriamente, a capacidade de diferenciação do tato com o aumento real da excitabilidade nervosa, mas com o exercício da observação, avaliação e reflexão das diferenças, no campo das funções psicológicas, a insuficiência de uma capacidade se compensa, plenamente ou em parte, com o intenso desenvolvimento de outra. Uma memória fraca, por exemplo, nivela-se com a compreensão que serve à capacidade de observar e recordar; a falta de força de vontade e a insuficiência de iniciativa são compensadas pela sugestionabilidade e pela tendência à imitação etc. Dessa forma, as funções da personalidade não são monopolizadas ao ponto de, no desenvolvimento anormal e frágil de alguma característica, em todas as circunstâncias, inevitavelmente, a tarefa realizada ser prejudicada. Graças à unidade orgânica da personalidade, outra capacidade assume sua realização (Stern, W., 1921).

Portanto, a lei da compensação é igualmente aplicável ao desenvolvimento normal e ao desenvolvimento prejudicado por um defeito. T. Lipps via nisso a lei fundamental da vida psíquica: se um fato psíquico é interrompido ou inibido, no ponto em que aparece a interrupção, a barreira ou o obstáculo, acontece uma "inundação", isto é, um aumento da energia psíquica; o obstáculo cumpre o papel de dique. Essa lei, Lipps a denominou de Lei do represamento psíquico (*Stauung*). A energia se concentra no ponto onde o processo encontrou um obstáculo e pode superá-lo ou encontrar caminhos confluentes. Assim, no lugar em que o processo se vê detido em seu desenvolvimento, formam-se novos processos que surgem graças a esse dique (Lipps, T., 1907).

A. Adler e sua escola baseiam seu sistema psicológico no estudo dos órgãos e funções enfraquecidas, cuja insuficiência estimula permanentemente um desenvolvimento elevado. A sensação de defectividade dos órgãos, segundo palavras de Adler, é um estímulo constante ao desenvolvimento do psiquismo para o indivíduo. Se, devido à insuficiência morfológica ou funcional, algum órgão não pode cumprir plenamente suas tarefas, o sistema nervoso central e o aparato psíquico do homem assumem a tarefa de compensar o funcionamento dificultado desse órgão. Criam sobre o órgão ou a função insuficiente uma superestrutura psicológica que tende a suprir o organismo no ponto fraco, no ponto ameaçado. No contato com o meio exterior, surge um conflito provocado pela falta de correspondência entre o órgão ou função insuficiente e as tarefas que a eles se apresentam, o que leva a um aumento da possibilidade de enfermidade e morte. Esse mesmo conflito cria possibilidades elevadas e estímulos para a compensação e supercompensação. O defeito se converte, por conseguinte, no ponto de partida e na principal força motriz do desenvolvimento psíquico da personalidade. Estabelece o ponto final, a meta em direção à qual tende o desenvolvimento de todas as forças psíquicas, e orienta o processo de crescimento e de formação da personalidade. O defeito cria uma tendência elevada para o desenvolvimento: ele desenvolve os fenômenos psíquicos de previsão e de pressentimento em grau acentuado, assim como seus fatores ativos (memória, atenção, intuição, sensibilidade, interesse – em síntese, todos os que suprem os momentos psicológicos) (Adler, A., 1928).

Pode-se e *deve-se* discordar de Adler quando ele atribui um significado universal ao processo de compensação, em qualquer desenvolvimento psíquico. Entretanto, ao que parece, até o momento, não existe um defectólogo sequer que negue a importância primordial da reação da personalidade ao defeito, os processos compensatórios no desenvolvimento, isto é, esse quadro sumamente complexo de influências positivas do defeito, os caminhos de confluência do desenvolvimento, seus complicados zigue-zagues, quadro que observamos em cada criança com defeito. O mais importante é que, juntamente com o defeito orgânico, encontram-se as forças, as tendências, as aspirações para superá-lo ou nivelá-lo. São a essas tendências ao desenvolvimento elevado que a defectologia anterior não deu atenção. No entanto, são elas, precisamente, as que conferem peculiaridade ao desenvolvimento da criança defectiva, as que engendram formas criativas de desenvolvimento, infinitamente diversas, às vezes, profundamente estranhas, iguais ou semelhantes às que observamos no desenvolvimento típico de uma criança normal. Não é necessário ser adleriano nem compartilhar os princípios de sua escola para reconhecer o quão correta é essa tese.

Disse Adler sobre a criança:

> Desejará ver tudo, se for míope; tudo ouvir, se tiver uma anomalia auditiva; desejará tudo dizer se nela for evidente alguma dificuldade na fala ou gagueira... O desejo de voar será manifestado com intensidade máxima naquelas crianças que, até para saltar, experimentam grandes dificuldades. A oposição entre a

insuficiência orgânica e os desejos, as fantasias, os sonhos, isto é, as aspirações psíquicas à compensação, é tão abrangente que com base nela é possível deduzir a *principal lei psicológica da transformação dialética da insuficiência orgânica em tendências psíquicas à compensação ou supercompensação, por meio do sentimento subjetivo de inferioridade.* (1927, p. 57)

Anteriormente, supunha-se que a vida da criança cega e seu desenvolvimento seriam estruturados seguindo a linha da cegueira; a nova lei afirma que o desenvolvimento vai de encontro a essa linha. Se há cegueira, o desenvolvimento psíquico se orienta em direção oposta a ela, de encontro a ela. Para manifestar-se de modo pleno, correto e efetivo, o reflexo do objetivo, segundo I. P. Pavlov, requer certa tensão, e a existência de obstáculos é a condição principal para alcance do objetivo (1951, p. 302). A psicotécnica contemporânea tende a analisar essa função, que é central no processo de educação e formação da personalidade, como direcionadora de um caso particular dos fenômenos de supercompensação (Spilrein, 1924).[13]

A teoria da compensação desvela o caráter criativo do desenvolvimento orientado por esse caminho. Não é à toa que psicólogos como Stern e Adler embasam, parcialmente, nessa teoria, a origem da aptidão. Stern formula essa ideia assim: "O que não me mata me torna mais forte; graças à compensação, da fragilidade nasce a força, das insuficiências nascem as capacidades" (Stern, W., 1923, p. 145).

---

[13] Spilrein, Isaak Naftulievitch (1891-1937). Psicólogo, um dos mais notáveis representantes da psicotécnica russa e soviética, organizador e presidente da Sociedade Psicotécnica (1927-1935), membro do Comitê Executivo da Associação Internacional de psicólogos. Liderou a sessão de psicotécnica no Instituto de Psicologia (Moscou). Autor de mais de 130 obras sobre a psicologia do trabalho. No centro de seus interesses científicos estavam os problemas de seleção, instrução e emprego racional de pessoal, o prognóstico da efetividade profissional, avaliação da qualificação e análise psicológica das profissões. (N.E.R.)

Seria incorreto supor que o processo de compensação conduz sempre e de modo ineludível ao sucesso, ao êxito, conduz sempre à formação do talento, tendo por base o defeito. Como qualquer processo de superação e de luta, a compensação também pode ter dois desenlaces extremos – a vitória e a derrota – entre os quais se situam todos os possíveis graus de transição de um polo a outro. O desenlace depende de muitas causas, mas, fundamentalmente, da correlação entre o grau de insuficiência e a riqueza do lastro compensatório. Mas, seja qual for o desfecho esperado para o processo de compensação, *sempre e em todas as circunstâncias*, o desenvolvimento dificultado por um defeito constitui um processo (orgânico e psicológico) de criação e recriação da personalidade da criança e tem por base a reestruturação de todas as funções de adaptação, a formação de novos processos superestruturados, substitutivos, niveladores, que são gerados pelo defeito, e o trilhar de novos caminhos confluentes de desenvolvimento. Abre-se para a defectologia um mundo de novas formas e vias de desenvolvimento, infinitamente diversas. A linha defeito-compensação é, precisamente, o fio condutor do desenvolvimento da criança com defectividade de algum órgão ou função.

A peculiaridade positiva da criança defectiva não se origina, em primeiro lugar, do fato de que nela estejam ausentes determinadas funções observáveis numa criança normal, mas do fato de que a ausência de funções traz à vida novas formações que, em sua unidade, representam a reação da personalidade ao defeito, a compensação no processo de desenvolvimento. Se uma criança cega ou surda, em seu desenvolvimento, atinge o mesmo que a normal, logo, crianças com defeito atingem isso de *outro modo, por outro caminho, com outros recursos* e, para o pedagogo, é de suma importância conhecer a *peculiaridade* do caminho pelo qual deverá guiar a criança. A lei de transformação do menos do defeito em *plus* da compensação é a chave para a peculiaridade.

3

A peculiaridade no desenvolvimento da criança defectiva tem limites. Com base no equilíbrio das funções adaptativas alterado pelo defeito, estruturando-se em novos princípios, reorganiza-se todo o sistema de adaptação que tende a um novo equilíbrio. Como reação da personalidade ao defeito, a compensação desencadeia novos processos confluentes de desenvolvimento, substitui, superestrutura, nivela as funções psicológicas. Muito do que é inerente ao desenvolvimento normal desaparece ou encolhe-se devido ao defeito. Cria-se um tipo novo e particular de desenvolvimento. A. M. Scherbina fala de si mesma:[14] "Paralelamente ao despertar de minha consciência, pouco a pouco, podemos dizer que, organicamente, elaborou-se a peculiaridade do meu psiquismo, criou-se uma espécie de segunda natureza e, em tais condições, não pude sentir *diretamente* a minha insuficiência física" (1916, p. 10). Contudo, o meio social em que transcorre o processo de desenvolvimento impõe limites à peculiaridade orgânica, à criação de uma "segunda natureza". Essa ideia foi muito bem formulada por K. Bürklen, a respeito do desenvolvimento psicológico dos cegos, mas, na verdade, ela pode ser estendida a toda a defectologia. Ele disse sobre os cegos: "Desenvolvem-se neles certas particularidades que não verificamos nos videntes e podemos supor que, no caso de uma comunicação exclusiva de

---

[14] Scherbina, Aleksandr Moiseievitch (1874-1934). Filósofo, psicólogo e tiflopedagogo russo e soviético. Sendo cego, ocupou-se das questões de educação e ensino de cegos. Em *Slepoi muzikant* [*O músico cego*], de B. G. Korolenko, vê a tentativa de videntes adentrarem a psicologia dos cegos à luz de suas ideias. Discorda de Korolenko e manifesta sua opinião sobre a percepção do mundo pelos cegos. L. S. Vigotski, várias vezes, refere-se aos trabalhos de Scherbina ao desenvolver os problemas teóricos da defectologia, em particular, da tiflopedagogia. Scherbina criou, pela primeira vez, o curso de tiflopedagogia e desempenhou um papel enorme em defesa da educação e do trabalho geral e igualitário para os cegos. (N.E.R.)

cegos com cegos, sem qualquer relação com videntes, poderia surgir uma espécie particular de pessoas" (Bürklen, 1924, p. 3).

Podemos esclarecer a ideia de Bürklen da seguinte maneira. Como insuficiência orgânica, a cegueira impulsiona os processos de compensação que levam, por sua vez, à formação de particularidades na psicologia do cego e reestruturam cada uma de suas funções sob o ângulo da tarefa fundamental da vida. Em comparação com o vidente, cada função do aparelho neuropsíquico do cego possui particularidades que, frequentemente, são muito significativas. Abandonado à sua própria sorte, esse processo biológico de formação e acumulação de particularidades e desvios do tipo normal (no caso da vida de um cego num mundo de cegos) propiciaria, inevitavelmente, a criação de uma espécie particular de pessoas. Mas, sob a pressão das exigências sociais, idênticas para cegos e videntes, o desenvolvimento dessas particularidades se constitui de tal modo que a estrutura da personalidade do cego, *como um todo*, tende a atingir determinado tipo social normal.

Os processos de compensação que criam a peculiaridade da personalidade da criança cega não fluem livremente, mas são orientados para determinados fins. Essa condicionalidade social do desenvolvimento da criança defectiva se constitui de dois fatores básicos.

Em primeiro lugar, a própria ação do defeito é sempre secundária, indireta e refletida. Como já dissemos, a criança não sente diretamente seu defeito, mas percebe as dificuldades que derivam dele. A consequência direta do defeito é o descenso da posição social da criança; o defeito se realiza como desvio social. Reestruturam-se os vínculos com as pessoas, os momentos que determinam o lugar do homem no meio social, seu papel e destino como partícipe da vida, as funções da existência social. Como foi destacado pela escola de Adler, as causas orgânicas inatas não atuam por si mesmas, diretamente, mas de maneira indireta, por meio do descenso da posição social da criança que ela provoca. Tudo o que é herdado e orgânico deve ser interpretado psicologicamente para que seja possível ter em conta seu verdadeiro papel no desenvolvimento da criança. Segundo Adler, a insuficiência orgânica, que conduz à compensação, cria uma posição psicológica particular para a criança. *Por meio dessa posição*, e somente por meio dela, o defeito influi no desenvolvimento da criança. Adler denomina de sentimento de inferioridade (*Mindenwentigkeitsgefühl*) o complexo psicológico que surge com base no descenso da posição social causada pelo defeito. No processo binomial "defeito-compensação" introduz-se um terceiro componente, intermediário: "defeito – sentimento de inferioridade – compensação". O defeito não provoca a compensação diretamente, mas, indiretamente, pelo sentimento de inferioridade que cria. É fácil explicar com exemplos que o sentimento de inferioridade é a valoração psicológica da própria posição social. Na Alemanha, discute-se a questão de mudar o nome da escola auxiliar. A denominação *Hilfsschule* parece humilhante tanto para os pais quanto para as crianças. É como se o aluno fosse marcado com o estigma da inferioridade. A criança não quer ir para uma "escola para bobos". O descenso da posição social provocado pela "escola para bobos", às vezes, influi até sobre os professores, colocando-os numa espécie de lugar inferior em comparação com os mestres da escola comum. As propostas de Ponsens e O. Fischer são a escola pedagógico-terapêutica, a escola especial (*Sonderschule*),[15] a escola para débeis mentais e outras denominações novas.[16]

Para a criança, ir a uma "escola para bobos" significa estar numa posição social difícil. Por isso, para Adler e sua escola, o primeiro ponto básico de toda educação é a luta contra o senti-

---

[15] Ponsens. (?). Sem informações a respeito do autor citado. (N.T.)

[16] Fischer, O. Sem informações a respeito do autor citado. (N.T.)

mento de inferioridade. Não se deve permitir que ele se desenvolva, que se apodere da criança e a leve a formas mórbidas de compensação. A. Fridmann disse que o conceito fundamental da pedagogia terapêutica individual-psicológica é o encorajamento (*Ermütigung*).[17] Seus métodos constituem uma técnica de encorajamento que envolve tudo o que ameaça a pessoa com a perda de coragem (*Entmütigung*). Suponhamos que um defeito orgânico não conduza, *por causas sociais*, ao aparecimento do sentimento de inferioridade, ou seja, à baixa valoração psicológica da própria posição social. Então, tampouco haverá conflito psicológico, a despeito da presença do defeito orgânico. Em alguns povos, por exemplo, como consequência de uma atitude místico-supersticiosa em relação aos cegos, cria-se um respeito especial por eles, uma fé em sua clarividência espiritual. Ali, o cego se converte em adivinho, em árbitro, em sábio, isto é, devido a seu defeito, ocupa uma posição social superior. É claro que, nessas condições, não cabe nem falar de sentimento de inferioridade, de defectividade etc. O que decide o destino da personalidade, em última instância, não é o defeito em si mesmo, mas suas consequências sociais, suas realizações sociopsicológicas. Os processos de compensação tampouco visam à substituição direta do defeito, o que, na maior parte das vezes, é impossível, mas à superação das dificuldades que ele cria. O desenvolvimento e a educação da criança cega não têm tanta relação com a cegueira em si mesma quanto com as consequências sociais da cegueira.

A. Adler analisa o desenvolvimento psicológico da personalidade como uma aspiração para ocupar determinada posição em relação à "lógica imanente da sociedade humana", com

---

[17] Fridmann, A. (?). Pedagogo-defectólogo alemão, que estudava as questões relacionadas à pedagogia terapêutica individual-psicológica do ponto de vista da escola de Adler. Fundou um método educativo interessante denominado "dialética-metodológica". (N.E.S.)

as exigências da existência social. O desenvolvimento segue numa cadeia de ações regulares, ainda que inconscientes, que são determinadas, em última instância, com uma necessidade objetiva, pela exigência de adaptação social. Por isso, Adler (A. Adler, 1928), com bastante fundamento, denomina sua psicologia de psicologia da posição, diferentemente de psicologia da disposição: no que diz respeito ao desenvolvimento psicológico, a primeira parte da posição social da personalidade; a segunda, da disposição orgânica. Se não se apresentarem exigências sociais (objetivos) ao desenvolvimento de uma criança defectiva, se esses processos forem deixados ao domínio de leis biológicas, se a criança defectiva não estiver diante da necessidade de se converter numa determinada unidade social, num tipo social de personalidade, então seu desenvolvimento conduzirá à criação de uma nova espécie de homens. Mas, uma vez que os objetivos são postos de antemão ao desenvolvimento (pela necessidade de adaptação a um meio sociocultural destinado a um tipo humano normal), a compensação também não flui livremente, mas por um determinado leito social.

Desse modo, o processo de desenvolvimento de uma criança defectiva é condicionado socialmente de modo duplo: a realização social do defeito (o sentimento de inferioridade) é um aspecto do condicionamento social do desenvolvimento; seu segundo aspecto constitui a orientação social da compensação em direção à adaptação às condições do meio que se criaram e se formaram para um tipo humano normal. A peculiaridade marcante do caminho e do modo de desenvolvimento, sendo comuns os objetivos finais e as formas à criança normal e à defectiva – eis o esquema mais simples do condicionamento social desse processo. Daqui deriva a dupla perspectiva do passado e do futuro no estudo do desenvolvimento dificultado por um defeito. Já que o ponto final e o inicial desse desenvolvimento são socialmente condicionados, é indispensável compreender cada um de seus momentos, não apenas em relação ao passado, como também em relação ao futuro. Com o conceito de compensação como forma fundamental de desenvolvimento, introduz-se o conceito de orientação para o futuro e todo o processo, em geral, se nos apresenta como um processo único que tende para a frente com uma necessidade objetiva, direcionada para um ponto final, delineado de antemão pelas exigências da existência social. Relacionado a isso, há o conceito de unidade, integridade da personalidade infantil em desenvolvimento. A personalidade se desenvolve como um todo único que possui leis particulares e não como uma soma ou um ramalhete de funções separadas, cada uma desenvolvendo-se em virtude de uma tendência específica.

Essa lei é igualmente aplicável ao corpo e ao psiquismo, à medicina e à pedagogia. Na medicina, fica cada vez mais sólido o ponto de vista de que o único critério de saúde ou de enfermidade é o funcionamento regular ou irregular do organismo como um todo, e as anormalidades singulares têm valor somente na medida em que sejam ou não compensadas, normalmente, por meio de outras funções do organismo.

W. Stern apresenta a seguinte tese: as funções particulares podem apresentar desvios da norma e, mesmo assim, a personalidade ou o organismo como um todo pode pertencer a um tipo completamente normal. *A criança* com defeito não é, inevitavelmente, *uma criança defectiva*. O grau de sua defectividade e normalidade depende do resultado da compensação social, isto é, da formação final de sua personalidade como um todo. Por si sós, a cegueira, a surdez e outros defeitos particulares não convertem seu portador em pessoa defectiva. A substituição e a compensação de funções não somente ocorrem, não somente alcançam, ocasionalmente, uma enorme envergadura, criando talentos dos defeitos, como também de modo inevitável, *como lei*, surgem sob a forma de aspirações e tendências, lá onde há um defeito. A tese de Stern é, em especial, sobre a possibilidade de compensação social, quando a compensação direta é impossível, isto é, sobre a possibilidade de uma aproximação completa da criança defectiva ao tipo normal, à conquista do valor social pleno.

O que melhor serve como ilustração das complicações sociais secundárias do desenvolvimento de uma criança defectiva e do papel delas é a compensação da defectividade moral (*moral insanity*), que é vista como um *tipo especial de defeito orgânico ou enfermidade*. Os psicólogos que pensam de modo semelhante a esse partem de tal concepção; em particular, em nosso país, a revisão dessa questão e o esclarecimento do que é falso e cientificamente inconsistente no próprio conceito de defectividade moral tiveram grande significado teórico e prático nos trabalhos de P. P. Blonski, A. B. Zalkind e outros. À mesma conclusão chegam também psicólogos da Europa Ocidental. O que se tomava por defeito orgânico ou enfermidade é um complexo de sintomas de uma estrutura psicológica peculiar de crianças socialmente desajustadas. É um fenômeno de ordem sociogênica e psicogênica, mas não biogênica.

Cada vez que se fala do reconhecimento incorreto de certos *valores* – disse L. Lindworsky, no I Congresso de Pedagogia Terapêutica, na Alemanha –[18] não se deve buscar a causa disso numa anomalia congênita da vontade, nem em determinadas deformações de funções isoladas, mas no fato de que, no indivíduo, nem o meio circundante nem ele educou em si próprio o reconhecimento desses valores. Provavelmente, jamais se chegaria à ideia de considerar a *moral insanity* como uma enfermidade mental caso, antes, fosse empreendida a tentativa de apresentar um resumo de

---

[18] O I Congresso de Pedagogia Terapêutica ocorreu na Alemanha, em 1923. (N.E.S.)

todas as perdas de valores e motivos que se encontram entre os normais. Então, teria sido possível descobrir que cada indivíduo tem sua *insanity*. M. Wertheimer chega à mesma conclusão.[19] Se analisarmos a personalidade como um todo, na reciprocidade de sua ação com o meio, a psicopatia inata das crianças desaparece,[20]

---

[19] Wertheimer, Max (1880-1943). Psicólogo alemão, fundador da Psicologia da Gestalt. Na obra *Eksperimentalnoie issledovanie vospriatia dvijeni* [*Investigação experimental da percepção do movimento*] (1912), afirma a totalidade da percepção da imagem, em que se baseiam os processos de "curto-circuito" entre as partes do cérebro que são excitadas e que são correlatos fisiológicos das totalidades fenomenológicas (princípio do isomorfismo). A hipótese da totalidade, posteriormente, foi ampliada para a explicação do pensamento, do desenvolvimento psíquico, da personalidade etc. e fundamentou a corrente psicológica original da Psicologia da Gestalt. Seu postulado principal é a abordagem da psique como uma estrutura de totalidade semântica, ou seja, Gestalt, que tem aspectos que não integram suas partes. Na década de 1920, em Berlim, foi organizada a Escola de psicologia da Gestalt de Berlim e, entre seus representantes, estavam K. Koffka (1886-1941), W. Köhler (1887-1967), K. Levin (1890-1947). De acordo com o princípio básico estrutural da Psicologia da Gestalt, existem a totalidade e a peculiaridade qualitativa de cada processo psíquico. L. S. Vigotski valorizava o princípio estrutural introduzido pela Psicologia da Gestalt como "uma conquista grandiosa e inabalável do pensamento teórico". Ao mesmo tempo, Vigotski apontava para a força explicativa insuficiente do princípio estrutural que "funde o animal e o humano, ignora a natureza histórica do desenvolvimento da consciência humana". Vigotski estudou as obras de Wertheimer por ocasião de suas investigações da psicopatia infantil [a respeito deste termo, ver, adiante, nota 20]. Wertheimer trabalhou, durante algum tempo, no Instituto de psiquiatria e fisiologia de Viena, onde se deparou diretamente com problemas concretos de diagnóstico e de métodos de instrução de crianças doentes (em especial, surdas-mudas). Para solucioná-los, empregava a abordagem da totalidade. Por exemplo, exigia a análise das especificidades da personalidade destas crianças que se manifestavam em seu comportamento, durante a resolução de tarefas que lhes eram apresentadas na relação com o sentido funcional de toda a situação. (N.E. R.)

[20] Nos arquivos da família de L. S. Vigotski, encontram-se cadernetas e cartões com anotações sobre os mais diversos assuntos. Em um cartão, há uma anotação feita com tinta vermelha sobre a classificação de psicopatias adotada por Vigotski. Em 2018, foi publicado o livro VIGOTSKI, L. S. *Zapisnie knijki L. S. Vigotskogo. Izbrannoie.* [*Cadernetas de anotações de L. S. Vigotski. Seleção.*]

afirma Wertheimer, citando F. Krammer e V. K. Jaris,[21] fundador da Psicologia da Gestalt,[22] nos EE.UU. Ele destaca que certo tipo de psicopatia infantil apresenta os seguintes sintomas: uma negligência grosseira, egoísmo, direcionamento dos interesses para a satisfação das necessidades elementares; essas crianças não são intelectualizadas (*unintelligent*), são pouco dinâmicas, têm fortemente diminuída a sensibilidade corporal, por exemplo, com respeito aos estímulos dolorosos etc. É nisso que se vê um tipo especial que, desde o nascimento, está predestinado a um

---

pela editora moscovita Kanon+, em que foi transcrita a anotação do autor a respeito da classificação das psicopatias (p. 554).

"NB! Classificação de psicopatias

1. Psicopatia – anomalia do desenvolvimento, infantilismo parcial;

2. Classificação:

a. *Entwicklungspsychopathien* (Distúrbio de desenvolvimento, em alemão. A palavra "psicopatia", no original alemão, significava, naquela época, um amplo círculo de distúrbios psíquicos e não coincide com o conteúdo contemporâneo desse termo. Nota 16 dos organizadores da edição, que consta do livro VIGOTSKI, L. S. *Zapisnie knijki L. S. Vigotskogo. Izbrannoie.* [*Cadernetas de anotações de L. S. Vigotski. Seleção.*]. Moskva: Kanon+, 2018, p. 569);

b. Psicopatias orgânicas;

c. Estados defectivos;

d. Comorbidades;

e. [Versões] psicopáticas do desenvolvimento (anotação nas margens: expansiva, sensitiva, autista);

f. Psicopatias sintomáticas (psicopatias sexuais, histeria);

3. Classificação, baseada na essência do estado psicopático:

a. Desenvolvimento insuficiente do caráter (de formações complexas);

b. Anomalias do caráter (de formações complexas);

c. Defeitos do caráter;

d. Anomalias, retardos e defeitos do temperamento (anotação nas margens: aproximadamente)". (Disponível em: VIGOTSKI, L. S. *Zapisnie knijki L. S. Vigotskogo. Izbrannoie.* [*Cadernetas de anotações de L. S. Vigotski. Seleção.*]. Moskva: Kanon+, 2018). (N.T.)

[21] Krammer, F. (?). Sem informações a respeito do autor citado. (N.T.)

[22] Jaris, V. K. Sem informações a respeito do autor citado. (N.T.)

comportamento associal, com inclinações eticamente defectivas etc. (antes de *moral insanity*, era usual a expressão traços incuráveis). No entanto, o deslocamento das crianças para outro meio, frequentemente, demonstra que estamos diante de uma sensibilidade particularmente elevada, e que seu embotamento é uma autodefesa, um autocurto-circuito, um rodear-se de uma couraça biológica defensiva contra as condições do meio. No novo meio, as crianças manifestam características completamente distintas. Esse resultado é obtido se não são consideradas as qualidades e o comportamento das crianças, separadamente, mas em relação ao todo, na dinâmica de seu desenvolvimento (*Si duo paciunt idem non est idem*).

Do ponto de vista teórico, esse exemplo é emblemático. Explica o surgimento da pseudopsicopatia, do pseudodefeito (*moral insanity*) que foi criado na imaginação dos investigadores porque não podiam explicar a profunda inadaptação social do desenvolvimento infantil, nesses casos. A importância dos fatores sociogênicos e psicogênicos no desenvolvimento da criança é tão grande que pode conduzir à ilusão de que haja um defeito, um simulacro de doença, uma pseudopsicopatia (ver nota de rodapé 20, p. 166).

4

Nas duas últimas décadas, a defectologia científica conheceu uma nova forma de defectividade infantil. Em sua essência, ela se reduz a uma insuficiência motriz (M. O. Gurevitch). Ao mesmo tempo em que a oligofrenia se caracteriza sempre, sobretudo, por certos defeitos do intelecto, a nova forma de desenvolvimento incorreto que, no último período, converteu-se em objeto de estudo minucioso e da prática pedagógica e intervenção terapêutica, restringe-se à insuficiência de desenvolvimento do aparelho motor da criança. Essa forma de defectividade infantil é denominada de vários modos. Dupré chamou-a de *debilitetmotrice*, isto é, debilidade motriz, por analogia com a debilidade intelectual; T. Heller denominou-a atraso motor e em suas formas extremas, idiotia motriz; K. Jakob e F. Homburger,[23] de infantilismo motor; M. O. Gurevitch, de insuficiência motriz. A essência dos fenômenos que subjazem às diversas denominações restringe-se a determinada insuficiência de desenvolvimento da esfera motriz, claramente expressa e, em muitos aspectos, análoga à insuficiência intelectual na oligofrenia.

Em grande medida, a insuficiência motriz permite uma compensação, o exercício de funções motoras, o nivelamento do defeito (Homburger, M. Nadolietchni, Heller). Com frequência e facilidade, o retardo mental se submete – por certo, dentro de limites – à intervenção pedagógica e terapêutica. Por isso, o retardo motor requer uma dupla caracterização, segundo o esquema "defeito-compensação". A dinâmica dessa forma de insuficiência, como de qualquer outra, pode ser verificada apenas ao se levar em conta as reações positivas do organismo provocadas por ela, a saber, aquelas que compensam o defeito.

A grande importância da introdução dessa nova forma de insuficiência no inventário da ciência não se encontra apenas no fato de que nossa noção acerca da defectividade infantil tenha se ampliado e enriquecido com o conhecimento de uma forma de grande e vital importância no desenvolvimento incorreto da esfera motriz da criança e dos processos de compensação que ela cria. Fundamentalmente, também, em ter demonstrado a relação dessa nova forma com outras que já conhecíamos. É muito importante para a defectologia teórica e prática o fato de essa forma de defectividade não estar, necessariamente, vinculada ao

---

[23] Jakob, K. (?) Dedicou-se aos problemas do distúrbio motriz de origem piramidal e extrapiramidal (infantilismo motor). (N.E.S.)

atraso intelectual. Diz Gurevitch: "Com frequência, esse tipo de insuficiência se combina com a intelectual, mas, às vezes, pode manifestar-se independentemente, assim como também a insuficiência intelectual pode estar presente juntamente com um aparelho motor bem desenvolvido" (Gurevitch, 1925, p. 316). Por isso, a esfera motriz possui uma importância excepcional quando se estuda a criança defectiva. O atraso motor pode combinar-se, em diferentes graus, com o atraso mental de todos os tipos, conferindo um quadro peculiar ao desenvolvimento e ao comportamento da criança. Essa forma de defectividade é, com frequência, observada na criança cega. Naudatcher[24] apresenta cifras para caracterizar a combinação dessa forma de insuficiência com outras: debilidade motriz em 75% de idiotas estudados, 44% nos imbecis, 24% nos débeis e 2% nas crianças normais (Gurevitch, 1925, p. 316).

O mais importante e decisivo não é o cômputo estatístico, mas a tese indubitável de que o retardo motor *pode ser* relativamente muito independente da defectividade intelectual; pode não se apresentar com o retardo mental e, inversamente, estar presente quando não existe defeito intelectual. Nos casos de insuficiência motriz e intelectual combinadas, cada forma tem sua própria dinâmica, e a compensação numa esfera pode transcorrer com ritmo e direção distintos em cada uma. Graças a isso, cria-se uma correlação sumamente interessante dessas esferas no desenvolvimento da criança defectiva. Por ser relativamente autônoma, independente das funções intelectuais superiores e facilmente governável, a esfera motriz constitui, com frequência, a esfera central para a compensação do defeito intelectual e o ajustamento do comportamento. Por isso, ao estudar a criança, devemos exigir não apenas uma dupla caracterização (motriz e intelectual) do

---

[24] Naudatcher. (?). Sem informações a respeito do autor citado. (N.T.)

desenvolvimento, como também o estabelecimento da relação entre essas duas esferas. Com muita frequência, essa relação costuma ser o resultado de compensação.

Segundo a ideia de K. Birnbaum, em muitos casos, até mesmo verdadeiros defeitos atrelados às peculiaridades constitucionais do comportamento intelectual podem ser compensados, dentro de certos limites, pelo treinamento e desenvolvimento de funções substitutas, por exemplo, por meio da "educação motriz", atualmente tão valiosa. Isso é confirmado por investigações experimentais e pela prática escolar. M. Krünegel, que realizou a última investigação experimental das habilidades motoras em crianças mentalmente retardadas (Krünegel, 1927), utilizou a escala métrica das capacidades motoras de N. I. Ozeretski, que se propôs a criar um método para determinar o desenvolvimento motor, graduado segundo a idade. A investigação demonstrou que, em comparação com a intelectual, uma aptidão motora superior em 1-3 anos foi encontrada em 60% das crianças estudadas; coincidia com o desenvolvimento intelectual em 25% e era inferior a este em 15% das crianças. Isso significa que o desenvolvimento motor da criança com retardo mental supera, na maioria das vezes, seu desenvolvimento intelectual em 1-3 anos e somente em um quarto dos casos coincide com ele. Com base nos experimentos, Krünegel chega à seguinte conclusão: cerca de 85% das crianças débeis mentais que estudam na escola auxiliar são capazes de trabalhar se recebem educação adequada para o trabalho (artesanal, industrial, técnico, agrícola etc.). É fácil imaginar a grande importância prática do desenvolvimento da habilidade motora que compensa, até certo grau, o defeito intelectual em crianças débeis mentais. M. Krünegel, do mesmo modo que Bartsch,[25] exige que sejam criadas classes especiais para

---

[25] Bartsch, K. Sem informações sobre o autor citado. (N.T.)

o aprendizado laboral, para a realização da educação motriz de crianças mentalmente atrasadas (Krünegel, 1927).

O problema da insuficiência motriz é um excelente exemplo dessa unidade na diversidade que se observa no desenvolvimento da criança defectiva. A personalidade se desenvolve como um todo único; como um todo único reage ao defeito, à quebra do equilíbrio que este cria, elaborando um novo sistema de adaptação e um novo equilíbrio em substituição ao alterado. Mas, exatamente devido ao fato de que a personalidade é uma unidade e atua como um todo único, no desenvolvimento, ela destaca desproporcionalmente funções diversas e relativamente independentes entre si. Essas teses – a diversidade de funções relativamente independentes no desenvolvimento e a unidade de todo o processo de desenvolvimento da personalidade – não apenas não se contradizem como, conforme demonstrou Stern, condicionam-se mutuamente. No desenvolvimento intensificado e elevado de alguma função, encontra expressão a reação compensatória de toda a personalidade, estimulada por um defeito em outra esfera.

5

A ideia de multiplicidade de distintas funções da personalidade e de complexidade de sua estrutura, expressa no estudo da aptidão motora, penetrou, ultimamente, em todos os âmbitos do desenvolvimento. Numa investigação atenta, não apenas a personalidade como um todo, mas também seus aspectos isolados, mostra a mesma unidade na diversidade, a mesma estrutura complexa, a mesma inter-relação das diferentes funções. Podemos dizer, sem medo de errar, que o desenvolvimento e o aprofundamento de ideias científicas sobre a personalidade, atualmente, avançam em duas direções opostas, à primeira vista: 1) a revelação de sua unidade, e 2) a complexidade e a diversidade de sua estrutura. Em particular, seguindo essa direção, a nova psicologia destruiu quase definitivamente a ideia anterior a respeito da unidade e homogeneidade do intelecto, função que, em russo, designa-se, não muito precisamente, com o termo aptidão e que os autores alemães chamam *Intelligenz*.[26]

Sem dúvida alguma, do mesmo modo que a personalidade, o intelecto é um todo único, não uma unidade estrutural homogênea e simples, mas diversa e complexa. Assim, Lindworski reduz o intelecto à função de percepção das relações; é a função que distingue, segundo seu critério, o homem dos animais, e é o que faz do pensamento um pensamento; esta função (o intelecto, assim entendido) não é inerente a Goethe em maior medida que a um idiota; a enorme diferença que observamos no pensamento de diferentes pessoas reduz-se à vida das representações e da memória (Lindworski, 1923). Mais adiante, voltaremos a essa concepção de Lindworski, que é muito profunda, mas enunciada paradoxalmente. No momento, importa-nos a conclusão que ele extraiu desse entendimento de intelecto, no II Congresso alemão de pedagogia terapêutica. Qualquer defeito intelectual, afirmou Lindworski, é baseado, em última instância, em algum fator da percepção das relações. Há tanto variantes de insuficiências intelectuais quanto fatores de percepção de relações. O débil mental nunca pode ser apresentado como débil mental em geral. É sempre preciso indagar em que consiste a insuficiência do intelecto porque há possibilidades de substituição e é necessário torná-las acessíveis ao débil mental. Nessa formulação, está claramente expressa a ideia de que, na composição de uma formação tão complexa, entram diversos fatores, são possíveis *não*

---

[26] N. E. Rumiantsev traduz essa palavra como "Intelectualidade". Vamos utilizar, daqui em diante, nesse sentido, o termo "intelecto" que não transmite com precisão esse significado (Nota de L. S. Vigotski).

um, *mas muitos* tipos qualitativamente distintos de insuficiência intelectual, correspondendo à complexidade de sua estrutura, e que, por fim, graças à complexidade do intelecto, sua estrutura admite uma ampla compensação das diversas funções.

Esse estudo encontra, agora, um reconhecimento geral. O. Lipmann delineia esquematicamente as seguintes etapas por que passou o desenvolvimento da ideia de aptidão geral. No começo, essa ideia se identificava com alguma função, por exemplo, a memória; o passo seguinte foi a admissão de que a aptidão se manifesta num grupo inteiro de funções psíquicas (atenção, atividade combinatória, diferenciação etc.). Ch. Spearman diferencia dois fatores em toda atividade racional:[27] um é específico para um dado tipo de atividade e o outro é comum ao que ele considera aptidão. Por último, A. Binet reduziu a definição de aptidão à média de toda uma série de funções heterogêneas. Somente no último período, os experimentos de R. Yerkes e W. Köhler com macacos,[28] de E. Stern e H. Bogen com crianças normais e débeis mentais estabeleceram que não existe uma única aptidão,[29] mas muitos tipos de aptidões e, em particular que, juntamente com o

---

[27] Spearman, Charles Edward (1863-1945). Psicólogo inglês, desenvolveu a análise fatorial. Demonstrou experimentalmente que a mesma pessoa submetida a diferentes testes do intelecto apresenta resultados iguais. Spearman explicou isso com a presença, na estrutura do intelecto, do assim denominado Fator-G que é geral para todos os tipos de atividade (do inglês *General Ability* – capacidade geral, habilidade). Juntamente com esse fator geral, Spearman destacou os fatores específicos (S_1, S_2 ...), que correspondem a formas especiais de atividade. (N.E.R.)

[28] Yerkes, Robert (1876-1956). Psicólogo e biólogo norte-americano, ocupou-se, principalmente, de questões da psicologia comparada. Ganhou maior notoriedade com seus estudos sobre macacos antropoides. Colecionou um material factual valioso e, ao explicá-lo, infeliz e injustificadamente, aproximou o intelecto do macaco ao do humano. (N.E.R.)

[29] Stern, E. Sem informações a respeito do autor citado. É possível supor que tenha ocorrido um equívoco; talvez, Vigotski quisesse se referir a Wilhelm Stern. (N.T.)

conhecimento racional, encontra-se a ação racional. Num mesmo indivíduo, um tipo de intelecto pode estar bem desenvolvido e, por sua vez, outro muito fracamente desenvolvido. Existem também dois tipos de debilidade mental: a de conhecimento e a de ação (Disse Lipman: "Es gibt einen Schwachsinn des Erkeness und einen Schwaschsinn des Handelns"), que não necessariamente coincidem. O mesmo é admitido na formulação mais ou menos similar de Henmon,[30] M. N. Peterson,[31] R. Pinter,[32] H. Thompson,[33] E. Thorndike e outros (O. Lipmann, 1924).[34]

Investigações experimentais confirmam por completo a existência de diversos tipos de intelecto e de defeitos intelectuais. E. Lindeman aplicou o método de W. Köhler,[35] elaborado para experimentos com macacos, a crianças com alto grau de debilidade mental. Entre os grupos que estudou, havia um grupo de crianças profundamente retardadas capazes de ação racional; nelas, apenas a memória das ações novas era excessivamente débil (Lindeman, 1926)[36]. Isso significa que em crianças com retardo profundo há capacidade para inventar ferramentas, empregá-las

---

[30] Henmon. (?). Sem informações a respeito do autor citado. (N.T.)

[31] Peterson, M. N. (?). Sem informações a respeito do autor citado. (N.T.)

[32] Pinter, R. (?). Sem informações a respeito do autor citado. (N.T.)

[33] Thompson, H. (?). Sem informações a respeito do autor citado. (N.T.)

[34] Thorndike, Edward (1874-1949). Psicólogo e pedagogo estadunidense. Realizou um estudo experimental do comportamento com ajuda de métodos objetivos. Um dos primeiros representantes do behaviorismo. Subestimou a especificidade qualitativa do psiquismo humano. Suas opiniões filosóficas eram muito afins ao pragmatismo. Ao demonstrar a convergência de objetivos na educação da criança normal e da anormal, Vigotski concorda com os enunciados de Thorndike sobre a necessidade de combinar a ação educativa com as tendências naturais da criança. (N.E.S.)

[35] Lindeman, Eduard (1885-1953). Estudou o intelecto prático de crianças com retardo mental e demonstrou que elas têm capacidade para a ação racional. (N.E.S.)

[36] Apesar de ser citado pelo autor, esta referência não foi localizada na bibliografia da obra. (N.T.)

adequadamente, escolhê-las e encontrar caminhos confluentes, isto é, uma ação racional. Por isso, devemos distinguir, numa esfera especial, as investigações do intelecto prático, ou seja, a capacidade de ação racional orientada para um fim (*praktische, natürliche Intelligenz*) que, por sua natureza psicológica, é diferente da aptidão motora como também do intelecto teórico.

Os esquemas de investigação do intelecto prático, propostos por Lipmann e Stern, baseiam-se no critério do intelecto prático proposto por Köhler (habilidades para empregar ferramentas, convenientemente, que, sem dúvida alguma, desempenharam um papel decisivo na transição do macaco para o homem, constituindo a primeira condição para o trabalho e a cultura).

Ao representar o tipo qualitativo peculiar de comportamento racional de modo relativamente independente das outras formas de atividade intelectual, o intelecto prático pode combinar-se, em distinto grau, com outras formas, criando, em cada caso, um quadro singular de desenvolvimento e de comportamento da criança. Pode ser o ponto de aplicação da compensação, o recurso para corrigir outros defeitos intelectuais. Sem levar em conta esse fator, todo o quadro do desenvolvimento, assim como o diagnóstico e o prognóstico, será, com certeza, incompleto. Deixaremos de lado, no momento, a questão de quantos tipos fundamentais de atividade intelectual podemos diferenciar – se são dois, três ou mais – e quais são as particularidades qualitativas de cada tipo, quais são os critérios que permitem delimitar um tipo em relação ao outro. Vamos nos ater a assinalar a grande diferença qualitativa que existe entre o intelecto prático e o teórico (gnóstico), estabelecida por uma série de investigações experimentais. Em particular, os experimentos brilhantes de Bogen com crianças normais e débeis mentais esclareceram, sem deixar dúvidas, que a capacidade para a ação prática racional representa um tipo de intelecto particular e independente; são muito interessantes as diferenças que, nesse âmbito, o autor estabeleceu entre crianças normais e débeis mentais (Lipmann, Bogen, 1923).

O estudo do intelecto prático desempenhou e ainda desempenhará, por muito tempo, um papel revolucionário na teoria e na prática da defectologia. Ele aponta o problema do estudo qualitativo da debilidade mental e de sua compensação, bem como da definição qualitativa do desenvolvimento intelectual geral. Na criança surda-muda, por exemplo, em comparação com a cega, com a mentalmente atrasada ou com a criança normal, a diferença não se encontra no grau, mas no tipo de intelecto. Lipmann se refere à diferença essencial no gênero e tipo de intelecto, quando prevalece um tipo, num indivíduo, e outro tipo, em outro indivíduo (Lipmann, 1924). Finalmente, também se modifica a ideia acerca do desenvolvimento intelectual: este perde o caráter de crescimento *meramente* quantitativo, de intensificação e aumento graduais da atividade mental, e se atém à ideia de transição de um tipo qualitativo a outro, de uma cadeia de metamorfose. A esse respeito, Lipmann enuncia o importante problema da caracterização qualitativa da idade intelectual, em analogia com as fases de desenvolvimento da fala, estabelecidas por Stern (1922): o estágio de substância, de ação, de relações etc. O problema da complexidade e heterogeneidade do intelecto mostra, assim, novas possibilidades de compensação, no âmbito do próprio intelecto, e a existência de capacidade para a ação racional em crianças profundamente retardadas abre perspectivas enormes e completamente novas para sua educação.

6

A história do desenvolvimento cultural da criança defectiva constitui o problema mais profundo e agudo da defectologia atual. Ela abre um *plano* completamente *novo do desenvolvimento* para a investigação científica.

O enraizamento de uma criança normal na civilização representa, comumente, um amálgama único com os processos de sua maturação orgânica. Ambos os planos de desenvolvimento – o natural e o cultural – coincidem e se fundem um com o outro. Ambas as séries de modificações convergem, interpenetram-se e constituem, essencialmente, a série única da formação sociobiológica da personalidade. Na medida em que o desenvolvimento orgânico se realiza num meio cultural, ele se transforma num processo biológico, historicamente determinado. O desenvolvimento da fala na criança pode ser um bom exemplo da fusão dos dois planos de desenvolvimento – o natural e o cultural.

Na criança defectiva, não se observa essa fusão; ambos os planos de desenvolvimento costumam divergir mais ou menos acentuadamente. A causa dessa divergência é o defeito orgânico. A cultura da humanidade foi criada em condições de certa estabilidade e constância do tipo biológico humano. Por isso, suas ferramentas materiais e de adaptação, seus aparelhos e instituições sociopsicológicos são forjados para uma organização psicofisiológica normal. A utilização desses instrumentos e aparelhos pressupõe, como condição necessária, a existência do intelecto, dos órgãos e das funções próprias do homem. O enraizamento da criança na civilização é condicionado pela criação de funções e aparelhos correspondentes; num estágio determinado, a criança domina os idiomas, se seu cérebro e aparelho articulatório se desenvolvem normalmente; em outra etapa superior do desenvolvimento do intelecto, a criança domina o sistema decimal de cálculo e as operações aritméticas. A graduação e a sucessão do processo de enraizamento na civilização se devem à graduação do desenvolvimento orgânico.

O defeito perturba, naturalmente, o curso normal do processo de enraizamento da criança na cultura, ao criar um desvio do tipo humano biológico estável, ao provocar a perda de algumas funções, a insuficiência ou o dano de órgãos, a reestruturação mais ou menos substancial de todo o desenvolvimento sobre novas bases, segundo o novo tipo. Isso se deve ao fato de a cultura ser ajustada a uma pessoa normal, típica, está adaptada à sua constituição, e o desenvolvimento atípico condicionado pelo defeito não pode enraizar-se direta e imediatamente na cultura, como acontece na criança normal.

Como um defeito orgânico considerado, exclusivamente, sob o ângulo do desenvolvimento físico e da formação da criança, a surdez não é uma insuficiência particularmente grave. Na maior parte das vezes, essa insuficiência permanece mais ou menos isolada; sua influência direta sobre o desenvolvimento *como um todo* é relativamente pequena; não costuma criar alterações nem retardos especialmente graves no desenvolvimento geral. Mas a mudez provocada por esse defeito, a ausência de fala humana e a impossibilidade de dominar a língua engendram uma das complicações mais penosas de *todo* o desenvolvimento cultural. *Todo* o desenvolvimento cultural da criança surda transcorrerá por um curso distinto ao da criança normal; não é apenas o significado quantitativo do defeito o que é diferente para ambos os planos de desenvolvimento, mas – e isso é o fundamental – o caráter qualitativo do desenvolvimento em ambos os planos é que será essencialmente diferente. O defeito cria *algumas* dificuldades para o desenvolvimento orgânico e *outras*, distintas, para o cultural. Por isso, ambos os planos de desenvolvimento diferirão essencialmente um do outro; o grau e o caráter da divergência serão determinados e medidos, em cada caso, pelo diferente significado qualitativo e quantitativo do defeito para cada um desses planos.

A fim de que se realize o desenvolvimento cultural da criança defectiva, com frequência, são necessárias formas culturais peculiares especialmente criadas. A ciência conhece uma multiplicidade de sistemas culturais artificiais que oferecem interesse teórico. Do mesmo modo que o alfabeto visual, que é utilizado por toda a humanidade, criou-se para os cegos um alfabeto tátil de caracteres em pontos. Do mesmo modo que a fala sonora de toda a humanidade, criou-se a datilologia, isto é, o alfabeto datilológico e a fala mímico-gestual dos surdos-mudos. Os processos de domínio e utilização desses sistemas culturais auxiliares se distinguem por sua marcante peculiaridade, em comparação com o emprego dos recursos habituais da cultura. Ler com a mão, como faz uma criança cega, e ler com os olhos são processos psicológicos diferentes, a despeito de cumprirem a mesma função cultural do comportamento da criança e de terem, basicamente, um mecanismo fisiológico similar.

A apresentação do problema do desenvolvimento cultural da criança defectiva como um plano especial de desenvolvimento, subordinado a leis especiais e que tem dificuldades e recursos especiais para superá-las, constitui uma conquista importante da defectologia contemporânea. Aqui, é importante o conceito de primitivismo do psiquismo infantil. A distinção de um tipo especial de desenvolvimento psicológico infantil, precisamente, o da *criança-primitiva*, não encontra, no momento, ao que parece, objeções de ninguém, ainda que no conteúdo desse conceito exista algo discutível. O sentido do conceito consiste na contraposição primitivismo-culturalização. Assim como a defectividade é o polo negativo da aptidão, o primitivismo é o polo negativo da culturalização.

A criança primitiva é a que não realizou o desenvolvimento cultural ou, mais exatamente, a que se encontra nos níveis mais baixos do mesmo. O psiquismo primitivo é sadio; dadas certas condições, a criança primitiva percorre um desenvolvimento cultural normal, alcançando o nível intelectual do homem culturalizado. Isso é o que distingue o primitivismo da debilidade mental. Esta última é resultado de defeito orgânico; o desenvolvimento intelectual natural do débil mental é limitado e, *como consequência disso*, geralmente, ele não percorre por completo o desenvolvimento cultural. O primitivo, por sua vez, em relação ao desenvolvimento natural, não desvia da norma: seu intelecto prático pode alcançar um nível muito alto, mas ele fica à margem no que diz respeito ao desenvolvimento cultural. O primitivo é um tipo puro, isolado, de *desenvolvimento natural*.

Durante muito tempo, o primitivismo do psiquismo infantil foi tratado como uma forma patológica de desenvolvimento infantil e se confundia com a debilidade mental. A rigor, suas manifestações exteriores costumam ser extraordinariamente similares. A pobreza da atividade psicológica, o desenvolvimento insuficiente do intelecto, a incorreção das deduções, o absurdo dos conceitos, a sugestionabilidade etc. podem ser sintomas de um ou de outro. Com os métodos de investigação existentes no presente (Binet e outros), a criança primitiva pode apresentar um quadro similar ao retardo mental; são necessários procedimentos especiais de investigação para descobrir a verdadeira causa dos sintomas mórbidos e distinguir o primitivismo da debilidade mental. Em particular, os métodos de investigação do intelecto prático, natural (*natürliche Intelligenz*), podem desvelar facilmente o primitivismo no psiquismo completamente sadio. A. E. Petrova, que realizou uma excelente investigação do primitivismo infantil e delineou seus principais tipos, demonstrou que o primitivismo pode combinar-se tanto com um psiquismo infantil bem dotado quanto com um médio e um patológico (ver *Crianças primitivas/Questões de pedologia e psiconeurologia infantil*. M., 1925, 2ª edição).

Os casos de combinação do primitivismo com alguma forma patológica de desenvolvimento são sumamente interessantes para a investigação defectológica, uma vez que essa combinação se encontra frequentemente na história do desenvolvimento cultural da criança defectiva. O primitivismo do psiquismo e o retardo no desenvolvimento cultural, com frequência, podem combinar-se, por exemplo, com retardo mental: seria mais correto dizer que, como consequência do retardo mental, surge um retardo no desenvolvimento cultural da criança. Mas, mesmo nessa forma mista, o primitivismo e a debilidade mental são dois fenômenos de natureza *diferente*. Do mesmo modo, a surdez congênita ou a precocemente adquirida costumam combinar-se com um tipo primitivo de desenvolvimento infantil. Mas o primitivismo pode ser encontrado sem que exista defeito, pode combinar-se inclusive com um psiquismo com altas habilidades, assim como o defeito não conduz obrigatoriamente ao primitivismo e pode combinar-se também com um tipo de psiquismo profundamente culturalizado. Defeito e primitivismo do psiquismo são duas coisas completamente diferentes e, quando estão juntas, é preciso diferenciá-las e delimitá-las uma a uma.

A aparente patologia num fundo primitivo apresenta um interesse teórico particular. Ao analisar uma menina primitiva, declarada psiquicamente anormal, que falava simultaneamente em tártaro e em russo, Petrova demonstrou que todo o complexo de sintomas que permitia suspeitar de uma enfermidade era determinado, fundamentalmente, pelo primitivismo que, por sua vez, condicionava-se à falta de domínio sólido de algum idioma. Disse Petrova: "Nossas inúmeras observações demonstram que a substituição completa de uma língua não consolidada por outra tampouco cabalmente assimilada não é indiferente para o psiquismo. Essa *substituição de uma forma* de pensamento *por outra, particularmente, reduz a atividade psíquica no ponto onde, além de tudo, esta não é consistente*" (Petrova, 1925, p. 85). Essa conclusão permite estabelecer em que consiste, *precisamente*, do ponto de vista psicológico, o processo de desenvolvimento cultural e que falta é criada pelo primitivismo do psiquismo infantil. No caso mencionado, o primitivismo do psiquismo infantil é condicionado pelo domínio incompleto do idioma. Mas, em geral, o processo de desenvolvimento cultural se reduz, fundamentalmente, ao domínio de ferramentas psicológico-culturais criadas pela humanidade no processo de desenvolvimento histórico e análogas à língua por sua natureza psicológica; o primitivismo se reduz à inépcia para valer-se desse tipo de ferramentas e das formas naturais de manifestação das funções psicológicas. As formas superiores de atividade intelectual, do mesmo modo que as demais funções psicológicas superiores, tornam-se possíveis somente com base no emprego de ferramentas culturais desse tipo. Disse Stern: "A língua se converte em instrumento de um poderoso desenvolvimento de sua (da criança – L.V.) vida, de suas representações, emoções e vontade; somente ela torna possível, em última instância, todo pensamento autêntico: a generalização e a comparação, o juízo e a conclusão, a combinação e a compreensão" (W. Stern, 1923, p. 73).

Essas adaptações artificiais que, às vezes, por analogia com a técnica, denominam-se instrumentos psicológicos, orientam-se para o domínio dos processos de comportamento, tanto alheio quanto próprio, do mesmo modo que a técnica se dirige para o domínio dos processos da natureza. Nesse sentido, T. Ribot (1892) denominava a atenção involuntária de natural e a voluntária, de artificial, vendo nesta um produto do desenvolvimento histórico. O emprego da ferramenta psicológica modifica o curso e a estrutura das funções psicológicas, conferindo-lhes uma nova configuração.

O desenvolvimento de muitas funções psicológicas naturais (memória, atenção), na idade infantil, ou não se observa em grau significativo ou é produzido num grau tão insignificante que, de modo algum, pode-se atribuir-lhe *toda* a enorme diferença na atividade correspondente da criança e do adulto. Durante o processo de desenvolvimento, a criança se equipa e se reequipa com as mais diversas ferramentas. A criança maior se distingue da menor, do mesmo modo que o adulto de uma criança, não apenas pelo maior desenvolvimento das funções, mas, além de tudo, pelo grau e caráter do equipamento cultural, por seus instrumentos, isto é, pelo grau e modo com que domina a atividade de suas próprias funções psicológicas. Assim, a criança maior se distingue da menor, como também o adulto da criança ou a criança normal da defectiva, não somente por uma memória mais desenvolvida, mas pelo fato de que memoriza *de outra maneira*, de um modo distinto, com outros procedimentos e utiliza sua memória num grau diferente.

A incapacidade de empregar as funções psicológicas naturais e de dominar as ferramentas psicológicas determina, *no que há de essencial,* o tipo de desenvolvimento cultural de uma criança defectiva. O domínio da ferramenta psicológica e, por meio deste, o domínio da própria função psicológico-natural criam, cada vez, uma espécie de *ficção do desenvolvimento,* isto é, elevam a função a um nível superior, aumentam e ampliam sua atividade. Binet esclareceu, experimentalmente, o significado que tem a utilização da função natural com a ajuda da ferramenta. Quando investigava a memória de calculistas notáveis, deparou-se com uma pessoa que possuía uma *memória média,* mas que evidenciava *poder de memorização* igual ao de calculistas notáveis, inclusive, superando-os muito. Binet denominou esse fenômeno de simulação da memória excepcional. Disse ele: "A maioria das operações psicológicas podem ser simuladas. Vale dizer, substituídas por outras que se assemelham a elas apenas exteriormente e são de natureza distinta" (Binet, 1894, p. 155). No caso citado, manifestou-se a diferença entre a memória natural e a memória artificial ou mnemotécnica, isto é, entre duas formas de *utilização* da memória. Na opinião de Binet, cada uma delas possui uma mnemotécnica rudimentar e intuitiva; na escola, deveria ser introduzida a mnemotécnica ao passo do cálculo mental e da estenografia, não com o fim de desenvolver o intelecto, mas de proporcionar um instrumento para a utilização da memória (Binet, 1894, p. 164). Nesse exemplo, é fácil verificar como é possível que o desenvolvimento natural e o emprego instrumental de qualquer função não coincidam.

O grau de primitivismo do psiquismo infantil, o caráter do equipamento com ferramentas psicológico-culturais e o modo de empregar as próprias funções psicológicas são os três momentos fundamentais que definem o problema do desenvolvimento cultural da criança defectiva. O primitivo não se distingue por um volume menor de experiência acumulada, mas pelo modo diverso (natural) de sua acumulação. Pode-se lutar contra o primitivismo, criando-se novos instrumentos culturais, cuja utilização incorporará a criança à cultura. Os caracteres de L. Braille e a dactilologia são meios poderosíssimos para superar o primitivismo.[37] Sabemos o quão frequente encontra-se, entre crianças débeis mentais, não apenas uma memória normal, mas altamente desenvolvida, embora sua utilização permaneça, quase sempre, num nível inferior; evidentemente, uma coisa é o grau de desenvolvimento da memória e outra, o de seu emprego.

As primeiras investigações experimentais sobre a utilização de instrumentos psicológicos pela criança defectiva foram feitas, recentemente, na escola de N. Ach que criou um método para estudar a utilização funcional da palavra como meio ou instrumento para elaborar o conceito e indicou a semelhança essencial desse processo com o de domínio da língua nos

---

[37] Braille, Louis (1809-1852). Tiflopedagogo francês de fama mundial. Inventor do alfabeto ponteado, em relevo, para a leitura e a escrita de cegos. Ficou cego aos 3 anos de idade. Vigotski demonstra que o processo de leitura com o alfabeto Braille não se diferencia, psicologicamente, da leitura normal. (N.E.S.)

surdos-mudos (1932). Bacher aplicou esse método na investigação de crianças débeis mentais e demonstrou que é o melhor meio para estudar qualitativamente a debilidade mental. A correlação entre o intelecto teórico e o prático se mostrou baixa, e as crianças com retardo mental (no grau de debilidade) manifestaram um emprego muito melhor do intelecto prático do que do teórico. O autor vê nisso uma coincidência com os resultados similares obtidos por Ach durante os experimentos com pessoas que sofreram lesão cerebral. Pelo fato de os débeis mentais *não utilizarem* a palavra como ferramenta para formar o conceito, neles, são impossíveis as formas superiores de atividade intelectual baseada no uso de conceitos abstratos (Ach, 1932)[38]. Nas investigações de Bacher, ficou claro como o domínio da própria atividade psicológica influi na execução de uma operação intelectual. Mas isso, precisamente, é o problema. Esses dois modos de valer-se da língua foram considerados por Stern como duas épocas diferentes no desenvolvimento da fala. Disse ele: "Contudo, depois, começa, uma vez mais, uma mudança decisiva no desenvolvimento da fala, é despertada uma consciência obscura do significado da língua e a vontade de conquistá-lo" (1922, p. 89). A criança faz a descoberta mais importante em sua vida: que *"cada coisa tem um nome"* (Stern, 1922, p. 89)[39], que *a palavra é um signo*, isto é, o recurso de denominação e comunicação. Este emprego *pleno*, consciente e voluntário da fala é o que não chega a atingir, pelo visto, a criança débil mental e, como consequência, fica-lhe vedada a atividade intelectual superior. Com todo fundamento, F. Ri-

---

[38] Apesar de ser citado pelo autor, esta referência não foi localizada na bibliografia da obra. (N.T.)

[39] Provavelmente, o autor se engana no ano da referência do livro, pois, na bibliografia de referência, constam apenas livros de Stern, W. de 1921 e 1923. (N.T.)

mat[40] escolheu esse mesmo método na prova de aptidão mental: o saber ou não saber valer-se da palavra é um critério decisivo para o desenvolvimento intelectual (Rimat, 1925). O destino de todo o desenvolvimento cultural depende de se a criança faz ou não a descoberta a que se refere Stern, isto é, se ela domina ou não a palavra como instrumento psicológico fundamental.

Exatamente o mesmo é desvelado nas investigações das crianças primitivas. "Em que se parecem uma árvore e um tronco?" – pergunta Petrova a uma dessas crianças. "Não vi uma árvore. Juro, não vi... Não conheço uma árvore. Juro, não vi..." (Defronte à janela, cresce uma tília). A pergunta é feita para a criança, apontando-se a tília: "E o que é isso?" – resposta: "Isso é uma tília". A resposta é primitiva, no mesmo estilo dos povos primitivos em cuja língua não existe a palavra "árvore", demasiado abstrata para o psiquismo concreto da criança. O menino tem razão: nenhum de nós viu uma árvore; vimos uma bétula, uma tília, um pinheiro etc., isto é, as espécies de árvores concretas" (A. E. Petrova, 1925, p. 64). Outro exemplo: quando se pergunta a uma menina "com domínio de duas línguas": "Numa escola, algumas crianças escrevem bem e algumas desenham bem. Então, nessa escola, todas as crianças escrevem e desenham bem?" – "Como posso saber isso? Não posso explicar o que não vi com meus próprios olhos; se tivesse visto com meus próprios olhos..." (reação visual primitiva) (Petrova, 1925, p. 86). A menina tinha 9 anos, era completamente normal, mas primitiva. Manifestava uma incapacidade total de *valer-se* da palavra como um meio para resolver uma tarefa mental, ainda que *falasse*, isto é, pudesse utilizar a palavra como recurso de comunicação. Somente podia explicar o que via com seus próprios olhos. Do mesmo modo,

---

[40] Rimat, Franz (?). Psicólogo alemão. Empregou o método de formação de conceitos de Ach para estudar crianças com retardo mental e crianças com talento. (N.E.R.)

também a criança débil mental deduz o concreto do concreto. Sua incapacidade para as formas superiores de pensamento abstrato não é consequência direta de seu defeito intelectual; ela é totalmente capaz de pensamento lógico de outro modo, de realizar operações intelectuais práticas etc. Unicamente, não dominou a palavra como instrumento do pensamento abstrato: essa incapacidade é consequência e sintoma de seu primitivismo, mas não de sua debilidade mental.

Com toda correção, M. Krünegel (1926) indica que o axioma fundamental de G. Kerschensteiner não é aplicável ao desenvolvimento cultural da criança débil mental.[41] O axioma diz que, no desenvolvimento cultural, subjaz a congruência entre alguma forma cultural e a estrutura psicológica da personalidade da criança: a estrutura mental da forma cultural deve ser total ou parcialmente adequada à estrutura mental da individualidade (G. Kerschensteiner, 1924). O fato básico do desenvolvimento cultural da criança defectiva é a inadequação, a incongruência entre sua estrutura psicológica e a estrutura das formas culturais. É necessário criar instrumentos culturais especiais, adaptados à estrutura psicológica dessa criança ou permitir-lhe dominar as formas culturais gerais com o auxílio de procedimentos pedagógicos especiais *porque a condição primordial e decisiva para o desenvolvimento cultural – precisamente, o saber valer-se de instru-*

---

[41] Kerschensteiner, Georg (1854-1932). Pedagogo alemão, teórico da educação civil que era analisada por ele em estreita relação com o preparo profissional da juventude. As ideias de Kerschensteiner foram implementadas em diferentes escolas de Munique e, posteriormente, em toda a Alemanha. Atribuía-se uma atenção especial à educação do espírito de fidelidade e nacionalismo. Esse aspecto determinou a avaliação negativa da atividade de Kerschensteiner na pedagogia soviética. Kerschensteiner se ocupou de questões da pedagogia especial. A ideia mencionada por Vigotski foi desenvolvida por Kerschensteiner no livro *Glavnaia aksioma utchebnogo protsessa* [*O axioma principal do processo de estudo*] (1917, Vigotski se refere à 2 ed., de 1924), dedicado à organização da instrução na escola popular de massa. (N.E.R.)

mentos psicológicos – está preservada nessas crianças; por isso, seu desenvolvimento cultural pode percorrer caminhos distintos e é, em princípio, completamente possível. W. Eliasberg considera, com acerto, que a utilização de recursos artificiais (*Hilfer*), dirigidos à superação do defeito, é o sintoma diferencial que permite distinguir a debilidade mental (*demenz*) da afasia (W. Eliasberg, 1925). A utilização de instrumentos psicológicos é, realmente, o essencial no comportamento cultural do homem. Está ausente apenas nos débeis mentais.

7

Os problemas mais importantes da defectologia contemporânea, esboçados anteriormente, foram examinados sob o ângulo teórico. Isso se deve a que a formulação teórica do problema permite apresentar a própria essência, o núcleo da questão, em seu aspecto mais geral e puro, em sua forma plena e precisa. Mas, na verdade, cada um dos problemas está envolto em uma série de questões pedagógicas práticas e metodológicas concretas ou, mais exatamente, reduz-se a uma série de temas concretos distintos. Para desenvolver essa série requer-se uma análise particular de cada tema. Limitando-nos à formulação mais geral dos problemas, indicaremos, sucintamente, a presença de tarefas concretas e práticas em cada um deles. Assim, o problema da aptidão motora e da insuficiência está diretamente vinculado às questões da educação física, da instrução profissional para o trabalho das crianças defectivas. O problema do intelecto prático também está estreitamente ligado à preparação para o trabalho e para a orientação prática vital de toda a instrução. O problema do desenvolvimento cultural inclui as questões principais da instrução escolar. Por exemplo, continua sem resposta o problema, que inquieta os defectólogos, dos métodos analíticos e sintéticos no ensino da fala aos surdos-mudos: deve-se inculcar nas crianças, mecanicamente, os elementos mais simples dos hábitos verbais do mesmo modo como se educam as habilidades puramente motrizes ou, antes de tudo, deve-se ensinar-lhes a habilidade de valer-se da fala e do emprego funcional das palavras como "instrumentos intelectuais", seguindo a expressão de J. Dewey?[42] O problema da compensação no desenvolvimento da criança defectiva e de seu condicionamento social inclui todos os problemas de organização do coletivo infantil, do movimento infantil, da educação político-social, da formação da personalidade etc.

Nossa exposição sobre os problemas fundamentais da defectividade não estaria completa no ponto essencial se não tentássemos traçar a linha básica da defectologia prática que deriva, inevitavelmente, dessa formulação dos problemas teóricos. Correspondendo completamente ao que, no plano teórico, designamos como o deslocamento da concepção quantitativa da defectividade para a qualitativa, o principal traço da defectologia prática atual é a proposição de tarefas positivas no lugar das que existem na escola especial. Não devemos mais nos conformar com o fato de que, na escola especial, seja simplesmente aplicado o programa abreviado da escola comum e seus métodos facilitados e simplificados. A

---

[42] John Dewey (1859-1932). Filósofo e pedagogo teórico estadunidense. Um dos principais representantes da filosofia do pragmatismo que tratava como central a análise de qualquer teoria ou fenômeno do ponto de vista da objetividade prática. Elaborou uma versão própria dessa abordagem filosófica que foi denominada de instrumentalismo. Para Dewey, conhecer é um instrumento de adaptação da pessoa ao meio. De acordo com isso, ele percebia o pensamento e a fala como um conjunto de instrumentos intelectuais (Dewey, J. *Psirrologuia i pedagoguika michlenia* [Psicologia e pedagogia do pensamento]). Esse conceito foi tomado por Vigotski, praticamente fora do contexto teórico da concepção de Dewey, que também é conhecido como psicólogo, autor do primeiro livro didático de psicologia, nos Estados Unidos. Dewey elaborou a concepção psicológica do operacionalismo em que contrapunha ao estudo do estado da consciência a investigação dos atos (operações da consciência). Criador da corrente pedocêntrica (orientada para a individualidade da criança) da pedagogia. (N.E.R.)

escola especial se encontra diante de uma tarefa de criação positiva de gerar formas próprias de trabalho que respondam à peculiaridade de seus educandos. Em nosso país, ninguém que escreveu sobre esse tema expressou tão exatamente essa ideia como A. S. Griboiedov, conforme já assinalamos. Se rejeitarmos a noção de criança defectiva como uma criança normal reduzida, devemos também recusar, inevitavelmente, o conceito de escola especial como uma escola comum que se prolonga no tempo e tem um material didático abreviado. É claro que é de suma importância estabelecer com a máxima precisão as diferenças quantitativas da criança defectiva, mas não podemos nos deter nisso. Por exemplo, pelas observações contemporâneas em massa de crianças mentalmente atrasadas, sabemos que elas têm menor circunferência craniana, menor estatura, menores capacidade torácica e força muscular, aptidão motriz reduzida, menor capacidade de resistir a influências desfavoráveis, elevada fatigabilidade e tendência ao esgotamento, associações mais lentas, atenção e memória reduzidas, menor capacidade para o esforço volitivo etc. (Griboiedov, 1926). Mas ainda nada sabemos acerca das particularidades positivas, da singularidade da criança; essas investigações são tarefas do futuro. Caracterizar tal criança como retardada, debilitada etc. quanto ao desenvolvimento físico e psíquico é apenas meia verdade porque com a caracterização negativa não se esgota absolutamente sua peculiaridade positiva. A falta de material positivo não é culpa exclusiva desse ou daquele pesquisador, mas é um infortúnio geral de toda a defectologia, que mal começou a reestruturar seus fundamentos e princípios e proporcionar uma nova orientação para a investigação pedológica. Seja como for, em sua conclusão básica, Griboiedov formula com exatidão seu critério:

> Ao estudar a pedologia da criança retardada, vemos claramente que sua diferença em relação à normal não é apenas quantitativa, mas também qualitativa e que, por conseguinte, *ela não precisa*

de uma permanência mais prolongada na escola, nem de frequentar apenas classes com menor quantidade de crianças, nem de reunir-se com seus semelhantes por nível e ritmo de desenvolvimento psíquico, mas de uma escola especial com seu próprio programa, com sua metodologia própria, seu cotidiano e seu pessoal pedagógico especializado. (1927, p. 19)

Nessa enunciação do problema existe, no entanto, um grave perigo. Assim como, no plano teórico, seria um erro tornar absoluta a peculiaridade do tipo de desenvolvimento da criança com um determinado defeito e esquecer que os limites dessa peculiaridade são dados pelo condicionamento social desse desenvolvimento, é igualmente incorreto obliterar que os limites da peculiaridade da escola especial residem nos fins e tarefas sociais comuns à escola comum e à especial. Como já foi dito, as crianças com defeito não criam uma "espécie particular de homens", segundo a expressão de K. Bürklen, mas, a despeito de toda a peculiaridade do desenvolvimento, manifestam a tendência a aproximar-se de determinado tipo social normal. É nessa aproximação que a escola deve desempenhar um papel decisivo. A escola especial pode propor-se um objetivo geral; seus educandos vão viver e atuar não como uma "espécie particular de homens", mas como operários, artesãos etc., isto é, como unidades sociais determinadas. *O fato de o objetivo ser comum, considerando-se a peculiaridade dos meios para atingi-lo, constitui, precisamente, a maior dificuldade e a mais profunda particularidade da escola especial e de toda a defectologia prática*, assim como, no desenvolvimento peculiar, o fato de o ponto final ser comum constitui a maior particularidade da criança defectiva. Se os recursos especiais (a escola especial) fossem destinados ao alcance de objetivos especiais, não haveria nisso nada que merecesse o nome de problema; toda a questão está na aparente contradição dos recursos especiais que são empregados para se atingir *os mes-*

mos objetivos a que se propõe a escola comum. Na realidade, essa contradição é apenas aparente: precisamente para que a criança defectiva possa alcançar o mesmo que a normal faz-se necessário utilizar recursos absolutamente especiais.

Disse Griboiedov:

> O objetivo da escola única do trabalho é criar os construtores de uma nova vida sobre a base dos princípios comunistas.[43] O objetivo da escola auxiliar não pode ser esse, já que o mentalmente retardado, ainda que tenha recebido instrução e esteja relativamente adaptado à sociedade, a seu entorno, e equipado com recursos para lutar por sua existência, não pode ser o construtor, o criador de uma nova vida; a única coisa que se exige dele é que não atrapalhe os outros de construírem. (1926, p. 99)

Essa enunciação do problema prático da pedagogia terapêutica nos parece inconsistente do ponto de vista psicológico e pedagógico-social.

Acaso, poderá a pedagogia, a rigor, organizar seu trabalho tendo por base uma tarefa puramente negativa ("que não atrapalhe os outros de construírem")? Semelhantes tarefas não são resolvidas pela pedagogia, mas com recursos bastante distintos. Qualquer educação é impossível sem determinadas tarefas sociais positivas; ao mesmo tempo, uma vez concluída a escola auxiliar, não devemos admitir que a criança limite seu papel na vida social a essa não intervenção. Segundo dados indicados pelo próprio

---

[43] Os fundamentos da Escola Única do Trabalho são lançados por Anatoli Vassilievitch Lunatcharski (1875-1933), primeiro Comissário do Povo para Instrução do governo soviético. Ele opõe à escola burguesa a escola comunista e formula o ideal e os objetivos de uma nova escola do trabalho politécnica unificada, esboçando os meios de atingi-los. Lunatcharski enuncia suas ideias sobre "educação pelo trabalho" que vai a par da aprendizagem "do próprio trabalho". Enfatiza o alcance pedagógico do trabalho e afirma que "trabalho que não educa é um crime da escola". (N.T.; Fonte: Lunatcharski, A. V. *Sobre a instrução e a educação*. Moscovo: Progresso, 1988)

Griboiedov (1926), mais de 90% das crianças mentalmente retardadas que receberam instrução têm capacidade de trabalho e se dedicam ao trabalho artesanal, industrial e agrícola. Por acaso, ser um trabalhador consciente – um operário, um trabalhador rural, um artesão – não significa ser um construtor, um criador da nova vida, uma vez que essa construção deve ser entendida como social, coletiva, da qual cada trabalhador participa na medida de suas forças? Dados de estatísticas alemãs e norte-americanas sobre a organização do trabalho dos mentalmente retardados informam que os que terminaram a escola auxiliar podem ser construtores, não estando, de modo algum, condenados ao papel de "não atrapalhar os outros de construírem". De um ângulo psicológico, também é incorreto negar a existência de processos criativos na criança mentalmente retardada. Não pela produtividade, mas pela intensidade, o curso desses processos, com frequência, é mais elevado na criança débil mental do que na normal. Para conseguir o mesmo que a criança normal, o débil mental deve demonstrar mais poder de criação. Por exemplo, o domínio das quatro operações aritméticas é um processo mais criativo para o escolar mentalmente retardado do que para o normal. Griboiedov cita com simpatia a opinião de Krünegel sobre a pedagogia terapêutica que se reduz, fundamentalmente: 1) à exercitação das funções psicológicas remanescentes, e 2) ao desenvolvimento de funções substitutivas (Griboiedov, 1926). Mas veja só: é isso que significa fundamentar a pedagogia no princípio da compensação, isto é, de um desenvolvimento criador. Naquele ponto de vista, expressa-se uma supervalorização da enfermidade no tipo comum de desenvolvimento da criança mentalmente retardada. "O fator terapêutico deve impregnar e selar todo o trabalho da escola", exige Griboiedov (1926, p. 98), concordando totalmente com o ponto de vista comum de que a criança mentalmente retardada é um *doente*.

G. Ia. Trochin alertava contra o ponto de vista que "vê apenas enfermidade nas crianças anormais, esquecendo-se de que nelas, além da doença, há ainda vida psíquica normal" (1915, p. 2). Por isso, parece-nos mais correta a tese proposta nos programas da escola auxiliar do Narkompros:[44] os fins e as tarefas gerais que se apresentam à escola única do trabalho são, simultaneamente, os fins e as tarefas da escola auxiliar" (*Programas da escola auxiliar*, 1927, p. 7). A própria estruturação dos programas baseados nas diretrizes do Conselho Científico Estatal para a Escola Comum é uma expressão do objetivo fundamental da escola – a maior aproximação possível da criança mentalmente retardada à norma; compor um plano para a escola auxiliar "que não dependa do plano da escola única do trabalho", como pretende Griboiedov (1926, p. 99), equivale, na realidade, a excluir a prática da pedagogia terapêutica da esfera geral da educação social. Também no exterior, a escola tem chegado à ideia de complexos,[45] como assinala o próprio Griboiedov (1926, p. 99). "A aula com um lenço para assoar o nariz", de R. Gürtler, representa um complexo incidental e primitivo, tanto que o complexo proposto pelo V Conselho Científico Estatal se baseia no "reflexo dos vínculos entre os fenômenos mais importantes da vida (a natureza, o trabalho, a sociedade)" (*Programas da escola auxiliar*, 1927, p. 8).

A criança mentalmente retardada necessita *mais que a normal* que esses vínculos sejam revelados durante o processo de instrução

---

[44] Comissariado do Povo para a Instrução, órgão responsável pela organização e estruturação do sistema de educação, após a revolução socialista de 1917. (N. T.)

[45] O *sistema de complexos* foi elaborado e implementado na escola soviética em 1923. Ele consistia em agrupar o material didático em torno de um núcleo de conhecimento: desse modo, a criança acumulava e aprofundava noções sobre o mundo que a rodeava. Os autores desse sistema achavam que ele tendia para a síntese do material didático em torno de três temas principais: natureza, trabalho e sociedade. (N.T.; Fonte: LUNATCHARSKI, A. V. *Sobre a instrução e a educação*. Moscou: Progresso, 1988)

escolar. O fato de que esse complexo seja mais difícil do que o do "lenço para o nariz" é um mérito positivo do programa, pois apresentar dificuldades superáveis significa, precisamente, realizar tarefas criativas de educação com vistas ao desenvolvimento. Consideramos sintomático e profundamente correto o discurso de Eliasberg – que trabalhou bastante no problema da psicologia e da patologia da abstração – *contra* o predomínio exclusivo do método visual direto na escola auxiliar. Exatamente porque a criança mentalmente retardada, em sua experiência, depende muito das impressões concretas e desenvolve muito pouco, por sua própria conta, o pensamento abstrato, a escola deve libertá-la do excesso de método visual direto que é um obstáculo para o desenvolvimento do pensamento abstrato, educando esses processos. Dizendo de outro modo, a escola não apenas deve adaptar-se às insuficiências dessa criança, como também lutar contra elas, superá-las. Nisso consiste a terceira característica fundamental do problema prático da defectologia. Além dos objetivos comuns para a escola normal e a especial, além da particularidade e da singularidade dos recursos que são empregados na escola especial, o caráter criativo que faz dela uma escola de compensação social, de educação social e não uma "escola de débeis mentais", que a obriga a não se adaptar ao defeito, mas vencê-lo, constitui o momento imprescindível do problema da defectologia prática. São esses os três pontos que determinam o círculo da defectologia prática.

Como já dissemos, limitamo-nos, aqui, à apresentação dos problemas em sua forma mais geral. Assinalamos que são problemas que a defectologia apenas começou a solucionar e que se referem mais ao futuro que ao passado e ao presente de nossa ciência. Procuramos demonstrar que a defectologia estuda o desenvolvimento que tem suas leis, seu ritmo, seus ciclos, suas desproporções, suas metamorfoses, seus deslocamentos de centros e suas estruturas; trata-se de um campo particular e relativamente independente do saber aprofundado e especial sobre um objeto. No terreno prático, no terreno da educação – como procuramos expor – a defectologia se encontra diante de tarefas cuja solução demanda um trabalho criativo de organização de formas especiais. Para resolver determinados problemas, é preciso encontrar um sólido fundamento tanto para a teoria quanto para a prática. Para não construir sobre areia, para evitar o empirismo eclético e superficial que a caracterizava no passado, para abandonar a pedagogia hospitalar-medicamentosa e passar a uma pedagogia criativamente positiva, a defectologia deve apoiar-se no fundamento filosófico do materialismo dialético sobre o qual se constrói nossa pedagogia geral e no fundamento social sobre o qual se constrói nossa educação social. Eis, precisamente, o problema da nossa defectologia.

O COLETIVO COMO FATOR DE DESENVOLVIMENTO DA CRIANÇA ANÔMALA[1]

1

A investigação científica contemporânea, que se ocupa de estudar comparativamente os problemas do desenvolvimento da criança normal e anormal, parte de uma tese geral: as leis que regem o desenvolvimento tanto da criança normal quanto da anormal são, fundamentalmente, as mesmas, assim como as leis que governam a atividade vital, sejam normais ou patológicas as condições de funcionamento de qualquer órgão ou do organismo como um todo. A tarefa da psicologia comparada consiste, exatamente, em encontrar essas leis comuns que caracterizam o desenvolvimento normal e anormal da criança e abarcam toda a esfera do desenvolvimento infantil.

O reconhecimento da existência de leis comuns na esfera normal e patológica é a pedra angular de todo estudo com-

---

[1] Este trabalho foi publicado na revista *Problemi defektologuii* [*Problemas da Defectologia*] (1931, n· 1-2, p. 8-17; n· 3, p. 13-18). (N.E.R.)
O título deste texto no Tomo 5 das *Obras reunidas* (Vigotski, L. S. *Sobranie sotchineni v 6-ti tomar* [*Obras reunidas em 6 tomos*]. T. 5. M.: Pedagoguika, 1983, p. 196-218) é *Kollektiv kak faktor razvitia defektivnogo rebionka* [O coletivo como fator do desenvolvimento da criança defectiva]. (N.T.)

parativo da criança. Todavia, essas regularidades gerais têm sua expressão concreta peculiar, tanto num caso como no outro. Quando lidamos com o desenvolvimento normal, elas se realizam num determinado conjunto de condições. Ao nos depararmos com o desenvolvimento atípico, que se desvia da norma, essas mesmas regularidades, que se realizam em outro conjunto de condições completamente distinto, adquirem uma expressão qualitativamente peculiar, específica, que não é um simples decalque nem uma fotografia do desenvolvimento típico da criança. Por isso, a investigação comparativa deve sempre ter um objetivo duplo em seu campo de atenção: estabelecer as regularidades comuns e descobrir sua manifestação específica nas diferentes variantes do desenvolvimento infantil. Assim, devemos partir das leis gerais do desenvolvimento infantil e, depois, estudar sua peculiaridade no que diz respeito à criança anormal. Esse deve ser o curso de nossa investigação também neste caso, ao considerar o problema que nos interessa: o coletivo como fator de desenvolvimento da criança anormal.

Subentende-se que nos limitaremos apenas a uma exposição somativa e sucinta dos postulados à luz dos quais nos dispomos a examinar também o desenvolvimento da criança anormal. A tese fundamental que nos interessa pode ser formulada do seguinte modo: a investigação das funções psíquicas superiores, no processo de desenvolvimento, convence-nos de que elas têm uma origem social, tanto na filogênese quanto na ontogênese.

No que concerne à filogênese, essa tese quase nunca encontrou sérias objeções, já que está absolutamente claro que as funções psíquicas superiores (o pensamento por conceitos, a fala racional, a memória lógica, a atenção voluntária etc.) formaram-se durante o período histórico de desenvolvimento da humanidade e devem sua origem, não à evolução biológica que talhou o biótipo de ser humano, mas a seu desenvolvimento histórico como ser social. Todas as formas superiores de atividade intelectual próprias do homem se formaram e se desenvolveram apenas no processo da vida social coletiva.

Quanto à ontogênese, no que diz respeito ao desenvolvimento da criança, somente durante o último período e graças a uma série de investigações, foi possível determinar que, também nesse caso, a formação e a estruturação das formas superiores de atividade psíquica se realizam no processo de desenvolvimento social da criança, no processo de sua inter-relação e colaboração com o meio social circundante. Baseando-nos em algumas de nossas investigações e de nossos colaboradores, formulamos essa tese, em outro momento, do seguinte modo: a observação do desenvolvimento das funções superiores demonstra que a estruturação de cada uma delas está rigorosamente subordinada à mesma regularidade, isto é, que cada função psíquica aparece duas vezes no processo de desenvolvimento do comportamento; primeiramente, em função do comportamento coletivo, como forma de colaboração ou inter-relação, como meio de adaptação social, ou seja, como categoria interpsicológica, e, em segundo lugar, como modo de comportamento individual da criança, isto é, como categoria intrapsicológica, como meio de adaptação pessoal, como processo interno de comportamento.

Seguir a transformação das formas coletivas de colaboração em formas individuais de comportamento da criança significa também captar o princípio estruturante das funções psíquicas superiores em seu processo de constituição.

Com a finalidade de lhe conferir um conteúdo concreto, para que essa tese demasiado geral e abstrata sobre a origem coletiva das funções psíquicas superiores não seja apenas uma formulação verbal obscura, devemos explicar com exemplos concretos como se manifesta, no desenvolvimento psicológico da criança, essa grande lei fundamental da psicologia, segundo a expressão de P. Janet.[2] A propósito, em grande medida, os exemplos ajudarão a estudar a ação da lei aplicada ao desenvolvimento da criança anormal e servirão como uma ponte composta de fatos concretos para que seja possível passar da lei do desenvolvimento normal às leis do desenvolvimento anormal.

Poderíamos citar como o primeiro e mais simples exemplo, que permite ilustrar essa lei geral, o processo de desenvolvimento da fala. Basta comparar o momento inicial e o final no desenvolvimento da fala para verificar em que medida justifica-se aqui a formulação recém-enunciada. Na realidade, no começo do desenvolvimento, a fala aparece na criança como função comunicativa, isto é, como um meio de comunicação, de influência sobre os que a rodeiam, de vinculação com eles, como forma de colaboração com outras crianças ou com adultos, como um processo de colaboração e inter-relação. Mas basta comparar o momento inicial do desenvolvimento da fala não somente com o final, ou seja, com a função da fala no adulto, como

---

[2] Janet, Pierre (1859-1947). Psicólogo, psiquiatra, neuropatologista francês. Um dos representantes da psicologia empírica e da psicopatologia. Deu continuidade aos trabalhos do doutor francês J. M. Charcot, elaborando uma concepção psicológica das neuroses. Os resultados obtidos, em particular, a distinção da psicastenia como uma forma autônoma de doença psíquica, conservam sua atualidade. Janet compreendia a psicologia como a ciência do comportamento. A observação clínica era considerada por ele como o principal método da psicologia. Segundo ele, a psicologia deve ser objetiva, ou seja, estudar o que é diretamente observável – ação, fala do sujeito etc. Desenvolveu ideias evolucionistas sobre níveis de comportamento, explicando as doenças psíquicas em função do nível afetado: na neurose, são afetados os andares superiores; na idiotia, o comportamento está no estágio das ações reflexas. Janet reconhecia a determinação social do psiquismo do homem. Assim, ele realizou um estudo sobre a memória como uma criação tipicamente humana e sua natureza social. O pensamento, segundo ele, é o substituto da ação real que funciona como uma fala interna. Janet influenciou significativamente o desenvolvimento da psicologia francesa e seus alunos foram H. Pièron, H. Wallon e J. Piaget – fundadores da psicologia genética francesa. (N.E.R.)

também com uma das etapas ulteriores do desenvolvimento, por exemplo, com o destino da função da fala na idade escolar ou na idade de transição,[3] para constatar de que modo a fala se converte, nesse período, em um dos meios mais importantes do pensamento, em um dos principais processos internos que guiam o comportamento da criança.

Essa importância primordial da fala nos processos de pensamento deu motivo para muitos investigadores extraírem a conclusão, totalmente falsa, de que o pensamento não é outra coisa que não fala sem som, muda, interna. O pensamento seria a fala menos o som:[4] assim, com frequência, enuncia-se esse ponto de vista extremo que identifica os processos de pensamento com a fala interna. Todavia, por mais que seja falsa essa aproximação, ela é profundamente significativa: a rigor, o erro que conduziu a essa falsa identificação não teria surgido se os processos de fala não estivessem, realmente, entrelaçados de modo tão estreito, profundo e íntimo com os processos de

---

[3] No seu livro *Imaginação e criação na infância*, Vigotski se refere à idade de transição da seguinte maneira: "... a idade de transição caracteriza-se por uma série de relações antitéticas, contraditórias e polarizadas, próprias de seus momentos. É exatamente isso que define essa idade como crítica ou de transição: é a idade da transgressão do equilíbrio do organismo infantil e do equilíbrio ainda não encontrado do organismo maduro" (p. 50) (Vigotski, L. S. *Imaginação e criação na infância*. São Paulo: Expressão Popular, 2018. Tradução de Zoia Prestes e Elizabeth Tunes). No Dicionário *Slovar L. S. Vigotskogo*, organizado por A. A. Leontiev, publicado em Moscou pela editora Smisl, em 2007, aparece o mesmo trecho, à página 70, no verbete sobre a idade de transição. (N.T.)

[4] Essa expressão pertence a Max Müller (1823-1900), filósofo inglês, especialista em Linguística Geral, em Indologia e Mitologia. Em *Aulas sobre a ciência da língua* (SPb., 1865) ele escreveu: "A ideia e a língua são inseparáveis. A palavra sem a ideia é um som morto; as ideias sem as palavras não são nada. A ideia é a fala sem som; falar significa pensar alto. A palavra é a ideia encarnada" (p. 294). (N.E.R.)
Na verdade, Müller nasceu na Alemanha, mas viveu muitos anos na Inglaterra. (N.T.)

pensamento. Somente uma análise especial e apurada poderia desvelar por completo o erro em que se baseia essa concepção.

Se lançarmos o olhar em todo o ciclo de desenvolvimento da fala como função psíquica, desde o momento inicial até o final, veremos com facilidade que ele se subordina inteiramente a essa grande lei fundamental da psicologia de que falamos antes, demonstrando como, no desenvolvimento da criança, por meio de uma série de transições, abre-se o caminho da fala externa para a internalizada, como a forma fundamental de comportamento coletivo; da colaboração social com os outros converte-se em forma interna de atividade psicológica da própria personalidade. Indicaremos, brevemente, os momentos cruciais no processo de transformação da fala externa em internalizada.

A primeira etapa decisiva de reviravolta para o destino ulterior do desenvolvimento do pensamento da criança é a forma de fala que, na psicologia contemporânea, costuma-se denominar de fala egocêntrica. Ao estudar a fala da criança na primeira infância e na idade pré-escolar, de um ponto de vista funcional, verificaremos com facilidade que a atividade da fala se manifesta sob duas formas básicas. De um lado, encontra-se a fala socializada. A criança pergunta, responde às perguntas que lhe são feitas, replica, pede, comunica ou narra alguma coisa; em síntese, vale-se da fala como meio de cooperação com as pessoas que estão à sua volta. De outro lado, há a fala egocêntrica: é como se a criança pensasse em voz alta, mas para si mesma. Estando ocupada com qualquer atividade, por exemplo, o desenho, a brincadeira, a manipulação de objetos, é como se falasse consigo mesma, sem estabelecer colaboração verbal com os outros. Essa forma de fala pode ser denominada egocêntrica porque cumpre uma função totalmente distinta da fala convivial. Todavia, a concepção psicológica correta de fala egocêntrica se deparou com uma série de dificuldades desde o começo de seu estudo.

J. Piaget,[5] o primeiro dos pesquisadores contemporâneos que investigou, descreveu e mediu com bastante detalhe a fala egocêntrica de crianças de diversas idades, era propenso a outorgar a essa forma de fala um significado não muito essencial para o destino posterior do pensamento infantil. Para Piaget, o fato de a criança acompanhar sua própria atividade com enunciados verbais é simplesmente uma manifestação da lei geral da atividade infantil, segundo a qual a criança ainda não diferencia, suficientemente, alguns tipos de atividade de outros. Ela se incorpora ao processo de atividade, por assim dizer, com todo o seu ser e essa atividade geral dispersa, indiferenciada, manifesta-se não somente em sua motricidade, como também em sua fala egocêntrica. A fala egocêntrica é, assim, um tipo de função secundária, adicional, que acompanha a atividade fun-

---

[5] Piaget, Jean. (1896-1980). Psicólogo suíço, diretor do Centro Internacional de Investigações Epistemológicas, de Genebra, fundado por ele. Piaget criou a teoria do desenvolvimento da atividade cognitiva da criança que circunscreveu a criação da escola de psicologia genética, em Genebra. Analisava o desenvolvimento da atividade cognitiva da criança no contexto das leis gerais da natureza orgânica. De acordo com suas ideias, a cognição está direcionada para a adaptação do organismo ao meio. A adaptação se forma com o equilíbrio de processos psíquicos de assimilação e acomodação (natureza adaptativa do intelecto). Nas décadas de 1920 e 1930, Piaget empregou o método clínico, estudou o problema do desenvolvimento mental da criança, que entendia como uma transição do pensamento autista, passando pelo egocêntrico e dirigindo-se ao pensamento socializado. Dedicou uma atenção especial à descrição do egocentrismo do pensamento infantil e suas peculiaridades que se refletem na fala egocêntrica da criança. Vigotski se referiu muitas vezes aos trabalhos de Piaget e apresentou uma análise crítica detalhada de toda concepção de desenvolvimento da criança do estudioso, em sua obra fundamental *Michlenie i retch* [*Pensamento e fala*]. Piaget conheceu a crítica de Vigotski, em 1962, pela tradução para a língua inglesa do livro *Michlenie i retch* [*Pensamento e fala*]. Respondendo a Vigotski, concordou com algumas de suas críticas. Posteriormente, as ideias de Piaget sofreram mudanças essenciais e ele criou a concepção operacional do intelecto. Suas ideias sobre o desenvolvimento psíquico da criança foram analisadas criticamente inúmeras vezes e conservam seu significado fundamental para a psicologia infantil. (N.E.R.)

damental da criança, como o acompanhamento musical segue a melodia principal. Mas essa atividade de acompanhamento, essa fala egocêntrica não realiza nenhuma função psicológica específica e não serve para nada. Nada mudaria no comportamento da criança, essencialmente, caso esse acompanhamento fosse descartado.

Segundo as observações e medidas bastante minuciosas de Piaget, na realidade, a fala egocêntrica não se desenvolve, mas se retrai ao passo do desenvolvimento progressivo da criança. Atinge o pleno florescimento durante a primeira infância. Por volta da metade da idade pré-escolar, ela realiza uma reviravolta nem brusca, nem imediata, mas decisiva, após o que a curva de seu desenvolvimento inicia uma queda lenta e constante. Segundo os estudos de Piaget, até o começo da idade escolar, o coeficiente de fala egocêntrica, que representa o índice numérico de sua difusão e frequência no comportamento da criança dessa idade, reduz-se a zero. Portanto, a avaliação funcional e genética da fala egocêntrica indica que ela é um produto do comportamento infantil ainda insuficientemente desenvolvido, surge das idiossincrasias próprias da primeira infância e desaparece à medida que o comportamento da criança se eleva a um nível superior de desenvolvimento. Em outras palavras, a fala egocêntrica – segundo a opinião de Piaget – é um produto incidental da atividade infantil, um epifenômeno, um suplemento gratuito para outros tipos de atividade, uma expressão do desenvolvimento incompleto do comportamento infantil. Funcionalmente, não serve para nada, não modifica nada de essencial no comportamento da criança; geneticamente, não tem perspectivas de desenvolvimento e está simplesmente condenada a um lento desaparecimento e retração.

Entretanto, parece-nos que, à luz de pesquisas novas e mais aprofundadas, é necessário admitir que essa valoração da fala egocêntrica não corresponde à realidade, tanto do ponto de vista funcional quanto genético. Num estudo especial dedicado a esclarecer o papel funcional da fala egocêntrica, foi possível determinar que, muito cedo, ela começa a cumprir funções sumamente peculiares e bem definidas no comportamento da criança, não podendo ser considerada um produto incidental da atividade infantil. Nossa investigação demonstrou que, em qualquer atividade, a fala egocêntrica não se inclui no processo de comportamento da criança como o acompanhamento que segue a melodia principal. A fala não é simplesmente acrescentada à atividade fundamental como um companheiro de viagem mais ou menos indiferente, mas, desde logo, intervém no curso da atividade, reorganiza-a ativamente, modificando sua estrutura, composição e modo de funcionamento. Assim, ao medir o coeficiente de fala egocêntrica na atividade da criança, pudemos verificar que esse coeficiente se eleva quase ao dobro em situações que comportam uma dificuldade.

O exame do mesmo fato nos leva, inevitavelmente, a uma reavaliação do papel funcional da fala egocêntrica. Isso significa que a criança reage com a fala egocêntrica de modo predominante quando sua atividade fundamental se depara com um obstáculo, com uma dificuldade e interrompe seu fluxo natural. Sabemos que, segundo a psicologia do pensamento, exatamente em situações associadas a uma dificuldade surge a reação intelectual. No ponto em que as reações instintivas e habituais deixam de atuar, em que os hábitos e outras formas automáticas de comportamento não podem efetuar a adaptação requerida, aparece a necessidade do pensamento. A função psicológica do intelecto, do pensamento é, com certeza, uma adaptação às novas circunstâncias, às condições mutantes, isto é, à superação das dificuldades.

Assim sendo, o elo entre a fala egocêntrica e a dificuldade sugere a ideia de que, desde muito cedo, aquela começa a cumprir funções intelectuais no comportamento da criança, isto é, começa a servir como meio de pensamento. Mas a confirmação decisiva disso não se encontra no aumento da frequência de fala egocêntrica diante das dificuldades, mas no exame de suas formas que se manifestam no comportamento da criança em resposta aos obstáculos. A análise demonstra que, na maioria das vezes, nesse caso, a fala egocêntrica da criança adquire um caráter intelectual. A confusão que surge na atividade não se reflete simplesmente na fala – é como se a criança perguntasse a si mesma, como se enunciasse a dificuldade em palavras, como se buscasse uma saída.

Daremos um exemplo simples, extraído de um experimento que realizamos, que demonstra claramente a que nos referimos quando falamos das funções intelectuais da fala egocêntrica. Uma criança desenha um bonde e, ao traçar a última roda, pressiona o lápis com força; a ponta do lápis se quebra e se inclina para o lado, ficando a roda inconclusa. Primeiramente, a criança trata de completar o círculo que iniciara com o lápis de ponta quebrada, mas nada se imprime no papel, a não ser um sulco. A criança se detém, olha o desenho e diz: "Quebrada". Em seguida, passa à outra parte do desenho, trocando o lápis pela tinta. Assim, fica evidente que a palavra "quebrada", dita para si, sem se dirigir a nenhum dos presentes, foi, na realidade, o momento crucial em sua atividade. A princípio, parecia que essa palavra se referia à ponta do lápis e nada mais era do que a constatação de que se quebrara. A observação posterior mostrou que não era bem assim. O andamento detalhado do comportamento da criança pode ser apresentado, aproximadamente, da seguinte forma: ela tentou concluir o desenho da última roda, não conseguiu e encontrou uma saída ao trocar o tema do desenho. A roda inconclusa passou a representar uma roda quebrada e todo o desenho começou a se desenvolver, depois, sem seguir o modelo já pronto e colorido, em outra direção completamente distinta. Em seu aspecto final, representou um vagão quebrado, avariado, que é levado para o conserto em um desvio.

Pergunta-se: o enunciado egocêntrico da criança, concentrado em uma única palavra, acaso, pode ser definido como um mero acompanhamento que segue a atividade fundamental – o desenho – e a palavra nada mais é que um produto secundário da atividade infantil? Será que não fica claro que essa palavra e sua enunciação representam um momento-chave de reviravolta na atividade da criança? Como um plano, essa palavra contém, de modo retraído, todo o comportamento ulterior da criança, indica a solução que dá para a situação difícil, a intenção expressa, o esquema de ações futuras. Essa palavra é a chave de todo o comportamento posterior da criança. Com certeza, a palavra é a solução do problema que se apresentou a ela no momento em que se quebrou a ponta do lápis. O que se formulou na palavra logo foi realizado na ação. Essas relações novas e complexas entre as palavras e as ações da criança, que observamos sob a forma mais primitiva, verdade seja dita, são dignas de serem chamadas de função intelectual da fala egocêntrica. A criança resolve o problema com palavras; com a ajuda da fala egocêntrica traça o caminho de suas ações. Por conseguinte, pensa com palavras, mesmo que ainda seja de modo muito primitivo e extremamente elementar. A análise desses fatos também mostra afirmativamente que a fala egocêntrica cumpre uma função intelectual e é o modo primitivo do pensamento infantil em voz alta, numa situação difícil.

Não vamos nos deter mais nessa mudança da composição, estrutura e modo da atividade infantil que acontece ligada à aparição do pensamento verbal primitivo sob a forma de fala egocêntrica. Diremos apenas que todas essas modificações são sumamente sérias e significativas. Isso é compreensível: se a fala se inclui no comportamento da criança não meramente como uma segunda série de reações que transcorrem de maneira paralela, então, para o destino da atividade fundamental, a agregação da palavra não implica simplesmente um acompanhamento, mas uma reestruturação da própria melodia básica da atividade infantil. Assim, podemos concluir que a fala egocêntrica cumpre uma função importante no comportamento infantil, assumindo o papel de pensamento verbal infantil inaugural, primevo.

Mas, se é assim, cabe esperar de antemão que seu destino genético, seu papel no processo de desenvolvimento, bem como seu significado funcional, foram incorretamente avaliados em pesquisas anteriores. Na realidade, se a fala egocêntrica nada modifica no comportamento, se é apenas um produto secundário, se não cumpre qualquer função, é absolutamente natural que, com a idade e o desenvolvimento da criança, ela vá se extinguindo até desaparecer do comportamento. Mas se, em sua essência, não é outra coisa que a primeira etapa no desenvolvimento do pensamento infantil, é difícil esperar que não esteja estreita e internamente vinculada, de modo indissolúvel, às etapas sucessivas do desenvolvimento do pensamento verbal da criança. De fato, uma série de investigações permite deduzir que, na fala egocêntrica, temos um dos momentos mais importantes da passagem da fala externa à internalizada, que representa apenas o primeiro degrau na formação da fala internalizada e, portanto, do pensamento verbal da criança.

Seguindo o modo com que apresentamos em outro momento os resultados de nossas observações, a fala egocêntrica é ainda uma fala exterior por sua natureza fisiológica. Ainda produz som, as palavras são pronunciadas para fora, a criança pensa em voz alta, seu pensamento não é distante da conversação, mesmo que apresente os traços do monólogo simples, de uma conversação em voz alta consigo mesma. Todavia, psicologicamente, já nos encontramos diante da fala internalizada, isto é, diante de uma fala que, de maneira básica, fundamental e substancial, mudou sua função, transformando-se num modo de pensamento, no modo internalizado do comportamento, numa forma particular de atividade do intelecto infantil.

Não vamos nos deter, agora, detalhadamente, em todos os momentos que falam a favor da admissão da fala egocêntrica como o primeiro grau no desenvolvimento da fala internalizada da criança. Diremos apenas que o desaparecimento dela, por volta do início da idade escolar, complementa-se com outros fatos demonstrativos de que a fala internalizada se cria e se desenvolve, precisamente, na primeira etapa da idade escolar. Com base nesse e em outros fatos, formulamos a hipótese de que a fala egocêntrica não desaparece por completo do comportamento da criança, mas muda, transforma-se, passando a ser fala internalizada. Esse passo é preparado em todo o curso do desenvolvimento da fala egocêntrica e se efetiva no limite entre a idade pré-escolar e a escolar. Examinamos um dos passos mais importantes da fala externa em direção à internalizada e podemos dizer que a essência da estruturação da função do pensamento verbal consiste no seguinte: a criança assimila um modo social de comportamento que começa a aplicar a si mesma, do mesmo modo que, anteriormente, outros o empregaram com ela ou que ela própria utilizou com outras pessoas.

Portanto, quando se pergunta de onde nascem, como se formam, de que modo se desenvolvem os processos superiores do pensamento infantil, devemos responder que surgem no processo de desenvolvimento social da criança por meio da transferência para si das formas de colaboração que ela assimila na relação com o meio social que a cerca. As formas coletivas de colaboração precedem as formas individuais de comportamento, que crescem tendo por base as formas coletivas que são sua origem direta e fontes de seu surgimento. Aí reside o sentido fundamental da lei que formulamos a respeito do duplo aparecimento das funções psíquicas superiores na história do desenvolvimento da criança. Assim, do comportamento coletivo, da colaboração da criança com as pessoas que a cercam e de sua experiência social nascem as funções superiores da atividade intelectual.

Daremos, ainda, vários exemplos que demonstram a dependência entre o desenvolvimento das formas coletivas de colaboração, por um lado, e os modos individuais de comportamento sob a forma de funções psíquicas superiores, por outro. Falaremos, principalmente, da discussão. Em seu tempo,[6] J. Baldwin e E. Rignano expressaram a ideia de que a autêntica reflexão não é outra coisa que não uma discussão ou um debate transferido para o âmbito da personalidade.[7] Piaget pode fundamentar geneticamente essa ideia e mostrar que, no coletivo infantil, deve surgir, antes, um conflito de opiniões, um debate para que, depois, possa aparecer nas crianças desse coletivo a reflexão como processo particular de atividade internalizada

---

[6] Baldwin, James Mark (1861-1934). Psicólogo, sociólogo e historiador norte-americano, um dos fundadores da psicologia social norte-americana. É a base de grandes obras da psicologia; o *Slovar filosofii i psirrologuii* [*Dicionário de Filosofia e Psicologia*], organizado por ele, não perdeu a sua importância até hoje. Via como tarefa da psicologia geral o estudo das diferenças individuais. Tentou introduzir na psicologia o princípio do evolucionismo e via o desenvolvimento psicológico da criança sob o ponto de vista da lei biogenética (ver comentário sobre Hall). (N.E.R.)

[7] Rignano, Eugenio (1870-1930). Filósofo italiano. Ao explicar a lei geral de emergência das funções psíquicas superiores com base nas formas sociais coletivas de comportamento, Vigotski se refere aos trabalhos de J. Baldwin, E. Rignano e J. Piaget que demonstraram que o pensamento lógico da criança se desenvolve proporcionalmente com o surgimento e desenvolvimento da discussão no coletivo infantil. (N.E.R.)

que é desconhecido da criança menor. O desenvolvimento da reflexão se inicia na discussão, no conflito de opiniões – eis a conclusão fundamental dessa investigação.

Segundo uma engenhosa expressão de Piaget, na verdade, acreditamos voluntariamente em nossa própria palavra. No processo de pensamento individual, não se pode colocar o objetivo de comprovar, demonstrar e refutar determinada opinião e o de motivar uma afirmação. Somente durante o curso da discussão infantil pode aparecer como objetivo da adaptação a necessidade de demonstrar a correção das próprias ideias, de replicar e de aduzir justificativas. Uma criança observada por Piaget disse: "Esse é o meu lugar. Você deve cedê-lo a mim porque sempre me sento aqui". – "Não, é meu porque eu cheguei primeiro e o ocupei".

Na discussão infantil mais primitiva, já está contido o germe de futuras reflexões: o conceito de causalidade, de verificação etc.

Na história da reflexão infantil, que está estreitamente ligada à discussão, podemos observar a interdependência genética entre formas coletivas de cooperação e modo individual de comportamento com respeito ao desenvolvimento do intelecto. De maneira similar, baseados no exemplo do jogo com regras, podemos também observar – como demonstra uma série de pesquisas – a mesma dependência genética associada ao desenvolvimento da vontade da criança. A capacidade de guiar o próprio comportamento, de controlar as ações diretas impulsivas, de substituí-las por outras que não decorrem da influência imediata da situação exterior, mas da aspiração de subordinar o próprio comportamento à regra do jogo, de guiá--lo em conformidade aos objetivos do jogo; a capacidade de coordenar as próprias ações com a atividade dos companheiros – em síntese, todos os elementos de um autodomínio primário que merecem a denominação de processos volitivos – surgem e se manifestam, inicialmente, em alguma forma de atividade coletiva. O jogo com regras pode servir como exemplo dessa atividade. Posteriormente, essas formas de colaboração que permitem subordinar o comportamento a certas regras do jogo convertem-se em formas internalizadas de atividade da criança, de seus processos volitivos.

Por conseguinte, o jogo com regras ocupa, na história do desenvolvimento da vontade infantil, o mesmo lugar que a disputa ou a discussão, na história do desenvolvimento da reflexão.

Se o tema do presente trabalho nos permitisse examinar em detalhe o desenvolvimento de cada uma das funções psicológicas superiores, poderíamos demonstrar que as regras que formulamos anteriormente abarcam, do mesmo modo, funções como a atenção, a memória, o intelecto prático da criança, sua percepção e outras. O desenvolvimento da personalidade da criança se manifesta, sempre e em todos os casos, em função do desenvolvimento de seu comportamento coletivo; em qualquer lugar, observa-se a mesma lei de transposição de formas sociais de comportamento para a esfera da adaptação individual.

Como já foi dito, essa lei possui um significado particular para a compreensão correta do desenvolvimento completo e incompleto das funções psíquicas superiores na criança anormal. O defeito e o desenvolvimento insuficiente das funções superiores guardam entre si uma relação distinta à do defeito com o desenvolvimento insuficiente das funções elementares. É preciso captar essa diferença para se encontrar a chave de todo o problema da psicologia da criança anormal. Enquanto o desenvolvimento incompleto das funções elementares, frequentemente, é consequência direta de algum defeito (por exemplo, o desenvolvimento incompleto da motricidade na cegueira, o da fala na mudez, o do pensamento no retardo mental etc.), o desenvolvimento incompleto de funções superiores na criança anormal aparece, comumente, como um fenômeno secundário, suplementar, que se ergue sobre a base de suas particularidades primárias.

A investigação psicológica contemporânea da criança anormal está impregnada pela ideia fundamental de que o quadro do retardo mental e de outras formas de desenvolvimento anormal da criança apresenta, em alto grau, uma estrutura complexa. É incorreto pensar que absolutamente todos os sintomas que caracterizam o quadro como um todo podem ser direta e completamente derivados do defeito como seu núcleo fundamental. A rigor, as particularidades com que o quadro se manifesta possuem uma estrutura muito complexa. Elas indicam um nexo e uma dependência muito complicados estrutural e funcionalmente e, em particular, que, juntamente às peculiaridades primárias dessa criança – derivadas de seu defeito – existem complicações secundárias, terciárias etc., que não resultam do próprio defeito, mas de seus sintomas primários. Nascem como síndromes suplementares da criança anormal, como uma superestrutura complexa do quadro básico de desenvolvimento. A capacidade de discernir o que é fundamental e o que é suplementar, o que é o primário e o que é o secundário, no desenvolvimento da criança anormal, é uma condição imprescindível, não apenas para a compreensão teórica correta do problema com que nos ocupamos, como também para as ações práticas.

Por mais paradoxal que possa parecer essa tese, se considerarmos suas conclusões práticas, as tendências científicas da defectologia contemporânea nos orientam numa direção extremamente inesperada do ponto de vista da prática tradicional. Elas nos ensinam que as maiores possibilidades de desenvolvimento da criança anormal encontram-se muito mais no campo das funções superiores do que na área das inferiores. Durante muito tempo, aceitou-se, tacitamente, na defectologia, como premissa fundamental, a lei de T. Ribot, H. Jackson e outros, segundo a qual a ordem de destruição patológica é inversa à ordem de estruturação da função.[8] O que surge mais tarde no processo de desenvolvimento seria afetado, antes de tudo, no processo de dissolução. O processo de desenvolvimento e o de dissolução vinculam-se, portanto, por uma espécie de relação inversa.

Conforme esse ponto de vista, é natural que, na presença de uma série de processos patológicos, a dissolução se inicie, exatamente, pelas funções superiores, mais tardias, mais complexas, deixando de lado e não afetando, inicialmente, as inferiores. Aplicando-a ao desenvolvimento incompleto, essa lei era entendida da seguinte maneira: a esfera das funções psicológicas superiores era considerada, para sempre, fechada e inacessível à criança anormal, e todas as aspirações pedagógicas se orientavam para o aperfeiçoamento e avanço dos processos elementares, inferiores. Essa doutrina se expressou com maior clareza na teoria e na prática da educação sensório-motriz, no adestramento e educação de sensações isoladas, de movimentos singulares, de processos elementares singulares. Não se ensinava à criança com retardo mental a pensar, mas a diferenciar odores, matizes das cores, sons etc. Não apenas a cultura sensório-motriz, mas toda a educação da criança anormal estava impregnada da ideia de nivelamento com o elementar e o inferior.

A investigação científica contemporânea mostra que esse ponto de vista é incorreto. Exatamente devido à sua inconsistência teórica, esses sistemas pedagógicos se mostraram tão pouco

---

[8] Jackson, John Hughlings (1835-1911). Neurologista e fisiologista inglês, um dos criadores da neurologia contemporânea. Expressou a hipótese de que se deve abordar a organização cerebral das formas complexas dos processos psicológicos, primeiramente, do ponto de vista do nível de sua estruturação e não de sua localização nas partes orgânicas do cérebro. (N.E.R.)

úteis, tão infrutíferos do ponto de vista prático que conduziram a uma crise séria e profunda que, agora, envolve todo o âmbito da educação da criança anormal. Na realidade, como demonstra a pesquisa, de um lado, os processos elementares, inferiores, são os menos educáveis, os menos dependentes, quanto à sua estrutura, das influências externas, do desenvolvimento social da criança. De outro lado, os sintomas primários, que nascem diretamente do próprio núcleo do defeito, acham-se tão intimamente ligados a esse núcleo que não se consegue vencê-los a não ser que se elimine o próprio defeito. Uma vez que, na grande maioria dos casos, a eliminação do defeito é algo praticamente impossível, é natural que também a luta contra os sintomas primários esteja condenada de antemão à esterilidade e ao fracasso. Ambos os momentos, tomados em conjunto, determinaram o fato de que o desenvolvimento e o treinamento das funções elementares, inferiores se deparassem, a cada passo, com obstáculos quase insuperáveis.

A dialética do desenvolvimento e da educação da criança anormal consiste, entre outras coisas, em que estes não sejam realizados por via direta, mas por vias confluentes. Como já foi dito, as funções psíquicas que surgem no processo de desenvolvimento histórico da humanidade e cuja estruturação depende do comportamento da coletividade da criança constituem o campo que admite, em grande medida, o nivelamento e a atenuação das consequências do defeito, apresentando as maiores possibilidades para uma influência educativa. Não obstante, seria incorreto supor que, na criança anormal, os processos superiores estejam mais bem desenvolvidos que os elementares. Com exceção de um pequeno número de casos (por exemplo, o desenvolvimento de formas superiores de psicomotricidade em face do desenvolvimento incompleto de processos motores elementares, nos cegos e nos surdos), os processos superiores costumam ser mais afetados que os elementares. Mas não devemos perder a esperança. O essencial é que o desenvolvimento incompleto dos processos superiores não é primariamente condicionado pelo defeito, mas secundariamente e, por conseguinte, representa o elo mais fraco de toda a cadeia de sintomas da criança anormal. Portanto, é o lugar para o qual devem ser orientados todos os esforços de educação, a fim de romper a cadeia nesse ponto mais fraco.

Por que as funções superiores se desenvolvem de maneira incompleta na criança com retardo? Não é porque o defeito as impeça, diretamente, ou porque seja impossível sua emergência. Ao contrário, o estudo experimental demonstrou, de modo indubitável, que, em princípio, é possível desenvolver, inclusive na criança com retardo mental, as modalidades de atividade que se encontram na base das funções superiores. Consequentemente, o desenvolvimento incompleto das funções superiores é uma superestrutura secundária do defeito. O desenvolvimento incompleto deriva de um fato que podemos denominar afastamento do coletivo vivenciado pela criança anormal. Aqui, o processo transcorre do seguinte modo: tendo como origem o defeito, surge na criança uma série de particularidades que tolhem o desenvolvimento normal da relação de convivência na coletividade, da cooperação e da relação dessa criança com as pessoas que a cercam. O afastamento da criança do coletivo ou a dificuldade de desenvolvimento social, por sua vez, determina o desenvolvimento incompleto das funções psíquicas superiores que, quando o curso das coisas é normal, surgem diretamente associadas ao desenvolvimento da atividade coletiva da criança.

Posteriormente, esclareceremos isso com exemplos simples. No momento, apenas diremos que as dificuldades que a criança anormal experimenta na atividade coletiva constituem, não obstante, a causa do desenvolvimento incompleto das funções psíquicas superiores. Esta é a conclusão fundamental a que nos conduz o exame completo do problema. Mas, distintamente do defeito, que é fator de desenvolvimento incompleto das funções elementares, o coletivo, como fator de desenvolvimento completo das funções psíquicas superiores, está em nossas mãos. Assim como é praticamente inútil lutar contra o defeito e suas consequências diretas, inversamente, a luta contra as dificuldades na atividade coletiva é legítima, frutífera e promissora.

Poderíamos dizer o mesmo de outra maneira: diante do desenvolvimento incompleto das funções elementares, com frequência, somos impotentes para eliminar a causa que o provocou. Consequentemente, lutamos contra as manifestações e não contra as causas do retardo, não combatemos a enfermidade, mas seus sintomas. Quanto ao desenvolvimento das funções psíquicas superiores, podemos influir não na manifestação, mas na causa mesma, combatemos a própria enfermidade e não os sintomas. Do mesmo modo que na medicina, a terapia causal, que elimina a causa da enfermidade, constitui o verdadeiro método de tratamento, distintamente da terapia sintomática que não elimina a enfermidade, mas suas manifestações singulares dolorosas, a pedagogia terapêutica deve diferenciar rigorosamente a influência educativa causal da sintomática.

Exatamente essa possibilidade de eliminar até mesmo a causa imediata do desenvolvimento incompleto das funções psíquicas superiores traz para o primeiro plano o problema da atividade coletiva da criança anormal e, justamente nesse ponto, apresenta para a pedagogia possibilidades verdadeiramente incomensuráveis.

Resta-nos examinar brevemente qual é a expressão concreta dessas teses gerais em sua aplicação dirigida à criança com retardo mental, cega e surda-muda.

2

O estudo do coletivo de crianças com retardo mental, iniciado há relativamente pouco tempo, levou ao estabelecimento de regularidades de enorme interesse na formação dos coletivos. Assim, observações publicadas por V. S. Krassusski demonstraram que,[9] quando se formam coletivos livres, podem incorporar-se a eles crianças com retardo profundo e com nível diverso de desenvolvimento mental. Essa é uma das condições fundamentais para a existência do coletivo. Os coletivos compostos por crianças com distinto nível de retardo são os mais frequentes, estáveis e duradouros.

Um dos procedimentos tradicionais de nossa prática pedagógica é o método de formar ou selecionar grupos escolares segundo o nível de desenvolvimento mental. Supõe-se que crianças com o mesmo nível de retardo formem os melhores coletivos. A investigação mostra que, deixando-as atuar livremente, as crianças com retardo nunca se agrupam segundo essa lei. Mais exatamente, sempre a infringem.

Ao analisar os dados obtidos, disse o autor, somente é possível chegar a uma conclusão: as combinações sociais mais desejáveis a que as crianças recorrem com maior frequência são as formadas pelo idiota e o imbecil, o imbecil e o débil de grau profundo. Na relação social acontece uma ajuda mútua. Aquele que é intelectualmente mais dotado adquire a possibilidade de manifestar sua atividade social para o que é menos dotado e ativo. Este último, por sua vez, extrai da relação de convivência social com o mais ativo o que ainda lhe é inacessível, o que, com frequência, constitui um ideal inconsciente para o qual tende a criança com insuficiência intelectual. A diferença de idade mais comum nos agrupamentos sociais livres de crianças é de três a

---

[9] V. S. Krassusski. (?). Sem informações a respeito do autor citado. (N.T.)

quatro anos. Esses dados parecem repetir a mesma regularidade que existe a respeito da diferença de desenvolvimento intelectual na criança normal.

Não podemos nos deter aos detalhes dessa observação. Apenas diremos que também outros momentos que caracterizam a vida dos coletivos indicam que, por seu nível intelectual, os heterogêneos são os mais desejáveis.

A título de exemplo, citaremos os seguintes dados: o agrupamento de imbecis com outros imbecis apresenta uma quantidade média de 2,6 pessoas e uma duração média de existência dos coletivos de 6 a 7 minutos; o débil com outros débeis, uma quantidade média de 2,0 pessoas e uma duração média de 9,2 minutos; o agrupamento de imbecis com débeis, uma quantidade média de 5,2 pessoas e uma duração média de 12,8 minutos. Lamentavelmente, a maioria das pesquisas dedicadas ao problema do coletivo de crianças com retardo mental estuda os momentos externos, formais, como a quantidade, a duração da existência do coletivo etc., mas não a estrutura interna do comportamento da criança e a modificação desta no coletivo. Por isso, no estudo do coletivo surge uma espécie de tendência formal que se limita a computar a atividade motriz, os momentos de inibição, de desinibição etc. Se passássemos desses momentos formais às mudanças profundas que experimenta a personalidade da criança com retardo mental e subjazem a esses momentos formais, veríamos que cada um dos que ingressam no coletivo adquire novas qualidades e particularidades, diluindo-se num todo.

O estudo da vida social livre de crianças com retardo profundo desvela, de um ponto de vista completamente novo, a personalidade biologicamente insuficiente do idiota e do imbecil e apresenta a possibilidade de abordar o problema da insuficiência intelectual sob o ângulo da capacidade de adaptação social das crianças. Essa área deve ser colocada no centro da atenção do trabalho pedagógico com as crianças profundamente retardadas e, certamente, põe em nossas mãos a chave do complexo problema de formar um grupo de crianças com retardo profundo.

Parece-nos absolutamente correta a formulação de V. S. Krassusski quando diz que a questão da compensação social do defeito, em cada caso concreto, pode ser identificada e estudada em detalhe, permitindo-nos uma compreensão cabal e multifacetada somente na presença de uma vida social livre das crianças estudadas.

Detenhamo-nos nesses dados. Parece-nos que seria mais correto não falar que, nos coletivos infantis livres, emergem novos aspectos da personalidade da criança com retardo profundo (o que em si é correto), mas que, nesses coletivos, a personalidade da criança profundamente retardada encontra, realmente, uma fonte viva de desenvolvimento e se eleva a um nível superior no processo da atividade coletiva e da colaboração.

Então, fica evidente o quão profundamente antipedagógica é a regra segundo a qual, por comodidade, selecionamos coletivos homogêneos de crianças retardadas. Ao procedermos assim, não apenas vamos contra a tendência natural no desenvolvimento das crianças, mas – o que é o mais importante – ao privar a criança retardada da colaboração coletiva e da relação de convivência com outras crianças acima dela, ao invés de atenuar, agravamos a causa imediata que determina o desenvolvimento incompleto de suas funções superiores. Se permitido que atue livremente, a criança com retardo profundo mostra uma tendência a igualar-se a uma de nível superior: o idiota com o imbecil, o imbecil com o débil. Essa diferença de níveis intelectuais é uma condição importante da atividade coletiva. O idiota que se encontra entre outros idiotas, ou o imbecil que se acha entre imbecis, vê-se privado dessa fonte vivificante de desenvolvimento. P. P. Blonski, talvez, dando uma forma demasiadamente paradoxal a seu pensamento, observou, certa vez, que o idiota, privado de uma educação correta, sofre, não menos, mas muito mais em seu desenvolvimento do que a criança normal. E é verdade.

Por isso, é fácil imaginar que as consequências de uma educação incorreta alteram muito mais as possibilidades reais de desenvolvimento da criança retardada do que da normal. Qualquer um sabe muito bem até que ponto uma criança normal, privada de condições adequadas de educação, revela tamanha negligência pedagógica que costuma ser difícil distingui-la do autêntico retardo mental. Levando-se em conta que se tratam de crianças com retardo profundo, isto é, daquelas cujo desenvolvimento, em geral, está restrito a limites mais estreitos que o dos retardados de grau leve, fica claro até que ponto tudo o que se disse antes é aplicável à criança com retardo leve. E. De-Greef,[10] que examinou o problema que nos interessa do ponto de vista interno, qualitativo, estabeleceu o fato simples que se apresenta a seguir.

Quando se propõe a uma criança com retardo mental – como faz o pesquisador, em alguns experimentos – que avalie sua própria inteligência, a de seu companheiro e a do educador (adulto), com frequência, ela se coloca em primeiro lugar; em segundo lugar, indica o companheiro (uma criança retardada) e, em terceiro, a pessoa adulta normal. Deixemos de lado a complexa questão que, no momento, não nos interessa

---

[10] De-Greef, E. (?). Vigotski se refere positivamente aos estudos de De-Greef, no que diz respeito à esfera emocional volitiva da criança com retardo mental, isto é, autoestima. Ele trata de questões relacionadas à análise dos processos de compensação nessa categoria de crianças anormais. (N.E.S.)

diretamente, da elevada autoestima da criança retardada. Esse problema é por si mesmo muito importante, mas específico. Concentremo-nos em outro problema. Façamos a pergunta: por que, para a criança mentalmente retardada, outra criança com retardo é mais inteligente que um adulto normal? Porque, responde De-Greef, o retardado mental compreende mais seu companheiro, já que entre eles é possível uma colaboração coletiva, uma relação de convivência e interação, enquanto a complexa vida intelectual do adulto lhe é inacessível. Eis porque, de modo paradoxal, tal como Blonski, de-Greef formula uma ideia absolutamente correta: para o imbecil, o gênio se encontra nos limites da debilidade psicológica.

Podemos deter-nos nisso e extrair algumas conclusões. Vemos a importância prioritária que o coletivo pedagógico adquire em toda a estrutura da educação da criança com retardo. Vemos o valor que os coletivos comuns de crianças normais e com retardo adquirem, a importância que tem a seleção dos grupos e as proporções do nível intelectual no interior deles. Encontramos, nesse caso, uma lei pedagógica fundamental que pode ser considerada quase uma lei geral para toda a educação da criança anormal.

Quando comparamos a pedagogia do coletivo de crianças retardadas com a do coletivo de crianças normais e perguntamos o que têm em comum e o que têm de diferente, obtemos a mesma resposta que sempre recebemos, quando se trata da comparação das medidas pedagógicas singulares aplicadas à criança normal e à anormal: os mesmos objetivos e caminhos particulares para alcançar esses objetivos, que são inalcançáveis para a criança anormal pelas vias diretas. Portanto, a fórmula geral da pedagogia comparada da criança normal e da anormal se adéqua por completo ao problema da pedagogia do coletivo infantil que nos interessa.

3

O mesmo problema do desenvolvimento incompleto das funções superiores em relação à atividade coletiva, na criança cega, encontra sua expressão concreta em esferas totalmente distintas do comportamento e do pensamento. Se nossa orientação estiver correta, as raízes do problema mostram semelhança com as que examinamos ao nos referirmos à criança mentalmente retardada. Por razões de comodidade e de simplicidade, começaremos pela formulação pedagógica. A criança cega está privada da percepção direta das imagens visuais e, por isso, surge a questão: com o que se pode substituir-lhe essa atividade ausente?

Até agora, essa é a questão central na pedagogia dos cegos e, até agora, nesse campo, ela se depara com as mesmas dificuldades que a pedagogia da criança com retardo mental. Ela se esforça para combater o problema diretamente. Como lutar com as consequências da cegueira e do desenvolvimento psicológico incompleto que ela determina? A esta pergunta, a pedagogia tradicional responde, de novo, mencionando a cultura sensório-motriz, o adestramento do tato e do ouvido, a utilização do chamado sexto sentido dos cegos, que consiste em que eles, de maneira especial e desconhecida da pessoa vidente, percebam, à distância, os objetos grandes que se encontram diante deles. Além disso, a pedagogia assinala a necessidade do método visual-direto para o ensino dos cegos, a necessidade de completar sua reserva insuficiente de representações sobre a realidade exterior recorrendo a outras fontes. Se esse objetivo fosse solucionável, a tarefa seria coroada de êxito completo. Encontraríamos algum equivalente ou, como disse W. Steinberg,[11]

---

[11] Steinberg, W. (?). Apontava para o significado privilegiado do olho para toda a vida psíquica da pessoa, até mesmo para sua atividade intelectual. Ele considerava que o cego era uma pessoa de tipo diferente do vidente por dois motivos. Primeiramente, nela estariam ausentes as percepções que formam a base da vida psíquica

um sucedâneo das representações espaciais e visuais dos videntes e, com ajuda dele, até certo ponto, poderíamos compensar essa lacuna que há na experiência da criança como consequência da cegueira. Mas, pelo caminho das percepções e representações concretas, essa tarefa é insolúvel. O infortúnio do caso consiste em que nenhum tipo de adestramento do tato, nenhum sexto sentido, nenhum desenvolvimento extremamente refinado de um ou de vários modos habituais de sensação, nem de representações auditivas de qualquer espécie, em suma, nada é capaz de converter-se num equivalente efetivo, isto é, num substituto válido das representações visuais ausentes.

A pedagogia empreende o caminho da substituição das representações visuais por meio de sensações de outro tipo, sem compreender que a própria natureza da percepção condiciona o caráter imediato da atividade desta e a impossibilidade de sua substituição concreta. Assim, pela via dos processos elementares, na esfera das percepções e representações, jamais encontraremos a possibilidade real de criar uma substituição concreta das representações especiais ausentes.

É claro que, de modo algum, é inútil tentar, com ajuda de um desenho ponteado, transmitir a perspectiva da forma visual e, inclusive, a estética da percepção arquitetônica. Entretanto, essa tentativa de criar um sucedâneo da percepção visual do vidente (isso se manifesta com particular clareza nos desenhos ponteados) lembra sempre a famosa fábula do cego, que A. A. Potebnia menciona como demonstração do fato de que uma generalização é um conhecimento demasiado remoto.[12] O cego

---

da pessoa normal. Em segundo lugar, as impressões totalmente diferentes que o cego recebe por meio dos sentidos que lhe restaram adquirem, para ele, o mesmo significado que, no outro caso, pertencem às representações visuais. (N.E.R.)

[12] Potebnia, Aleksandr Afanasievitch (1835-1891). Filólogo eslavista ucraniano-russo. Elaborou as questões da teoria da filologia do folclore e etnografia,

pergunta ao guia: "Onde você esteve?" – "Fui beber leite." – "E como é o leite?" – "Branco." – "O que é o branco?" – "É como um ganso." – "E como é o ganso?" – "É como o meu cotovelo." O cego apalpa o cotovelo e diz: – "Agora sei como é o leite".

Enquanto isso, a pesquisa psicológica da personalidade da criança cega confirma, cada vez mais, que a esfera autêntica de compensação das consequências da cegueira não é o campo das representações ou percepções, isto é, não é o campo dos processos elementares, mas dos conceitos, ou seja, das funções superiores. A. Petzeld formulou isso na conhecida tese de que o cego tem a possibilidade de um conhecimento ilimitado. O pesquisador demonstrou que os cegos, ainda que limitados ao máximo em suas representações, não o são, em absoluto, no âmbito do conhecimento abstrato. A possibilidade de, em princípio, conhecer tudo, a despeito da falta de representações de certo tipo: eis a conclusão fundamental de seu trabalho, uma conclusão profundamente fundamentada, tanto do ponto de vista teórico quanto prático.

Com frequência, surge uma questão análoga a respeito da humanidade em geral. Pergunta-se, criticando-se os sensualistas: se o homem não estivesse dotado de cinco sentidos, mas de quatro, como seria formado seu conhecimento e como seria realizado seu desenvolvimento mental? Do ponto de vista do sensualismo, é de se esperar que a carência de um dos cinco sentidos levasse à formação de um quadro completamente distinto da realidade, condicionando, no desenvolvimento psicológico do homem, uma orientação absolutamente diferente da que se realizou com base nos cinco sentidos. Todavia, devemos responder a esta pergunta de um modo um tanto inesperado.

---

principalmente, da linguística geral, fonética, morfologia, sintaxe e semiótica.
No plano teórico geral, estudou as principais questões sobre a relação entre a língua e o pensamento, a língua e a nação e a origem da língua. (N.E.R.)

Consideramos que nada de substancial mudaria no conhecimento do homem dotado de quatro sentidos porque o pensamento – que é o modo de reelaboração dos dados da experiência – continuaria sendo, essencialmente, o mesmo, porquanto o quadro da realidade que nos cerca não se cria somente com base na percepção direta, mas na experiência racionalmente reelaborada. Logo, tanto a pessoa cega como a vidente conhecem muito mais do que podem imaginar e muito mais do que podem perceber com a ajuda dos cinco sentidos. Se, realmente, conhecêssemos tanto quanto podemos perceber de modo direto com nossos cinco sentidos, não seria possível nenhuma ciência, no verdadeiro sentido dessa palavra, uma vez que os nexos, dependências e relações entre os fenômenos, que constituem o conteúdo do saber científico, não são qualidade dos objetos percebidos de modo visual direto, mas são desvelados nos objetos com a ajuda do pensamento. Assim, também para a criança cega, o pensamento é a esfera fundamental de compensação da insuficiência de representações.

Os limites do desenvolvimento no campo do conhecimento superior ultrapassam o adestramento sensório-motor, que é possível no âmbito dos processos elementares. *O conceito é a forma superior de compensação da insuficiência de representações.*

Entretanto, a compensação que vem de cima, dos conceitos, ocasiona dois perigos que desejamos assinalar brevemente. O primeiro e fundamental é o verbalismo, amplamente difundido entre crianças cegas. O verbalismo é o emprego de palavras que não trazem nenhum sentido ou conteúdo a elas subjacentes e cujo significado permanece vazio. O verbalismo está muito desenvolvido na criança cega e constitui um dos principais obstáculos no curso de seu desenvolvimento. Ao utilizar a mesma fala que o vidente, o cego a enfeita com uma série de palavras cujo significado é inalcançável para ele. Quando um cego diz:

"Eu o vi ontem", ou ainda: "Hoje está um dia luminoso", em ambos os casos está empregando palavras cujo significado direto lhe é inacessível. O emprego de palavras ocas, carentes de todo conteúdo constitui exatamente a base do verbalismo.

Esse verbalismo é uma compensação falsa, fictícia da insuficiência de representações.

Todavia, se essa palavra corresponder, na vivência do cego, a certo conceito, mesmo que a percepção direta do objeto que ela designa lhe seja inacessível, não estamos diante de um verbalismo, de uma compensação fictícia, mas diante de uma compensação autêntica: a elaboração do conceito relacionado ao objeto inacessível à percepção e à representação. A cor negra para o cego é como a cor negra para nós, como corretamente Petzeld formula esse princípio, cuja demonstração podemos ver num fato da vida cotidiana dos cegos e de que eles falam com gosto. É, exatamente, o fato de N. Saunderson,[13] cego de nascimento, ter criado um famoso manual de geometria e o cego, A. M. Scherbina, segundo seu testemunho pessoal, explicar ótica, no curso de física, a seus companheiros videntes, durante os estudos no liceu. Esse fato de o cego poder elaborar conceitos totalmente concretos e adequados aos dos videntes sobre objetos que não podem perceber com a visão é um fator de primeira importância para a psicologia e a pedagogia do cego.

O verbalismo nos leva a um segundo perigo – o dos pseudoconceitos. A lógica formal e a história da psicologia expli-

---

[13] Sounderson, Nicholas (1682-1739). Matemático inglês cego que criou a tábua de contas e escreveu um livro de geometria. O também cego Weizenburg explicava os postulados da geometria, da ótica etc., utilizando construções de arame e ele adquiria os conhecimentos geográficos por meio de mapas esquemáticos que eram feitos de cadarços, arames, tachinhas e cabeças de alfinetes. Esses e outros fatos semelhantes testemunham as grandes possibilidades compensatórias dos cegos. (N.E.R.)

cam o processo de formação de conceitos do seguinte modo: primeiramente, a criança acumula uma série de percepções e representações concretas; da mistura e superposição de representações isoladas perfilam-se, gradualmente, os traços comuns a uma série de objetos diferentes, esfumam-se ou desaparecem os traços diferentes e surge um conceito geral como a fotografia coletiva de F. Galton.

Se esse caminho correspondesse à realidade, seria impossível a lei formulada por Petzeld sobre a possibilidade de um conhecimento ilimitado para o cego. Se o caminho para a formação de conceitos passasse apenas pela representação, o cego não poderia formar um conceito da cor negra correspondente ao nosso. O conceito do cego seria, inevitavelmente, um pseudoconceito e, na esfera do pensamento, representaria algo análogo ao que denominamos verbalismo, isto é, o emprego de palavras ocas.

Aqui, aparece a diferença entre a lógica formal e a lógica dialética na teoria do conceito. Para a lógica formal, o conceito nada mais é do que uma representação geral que se origina do resultado da distinção de uma série de características comuns. A lei fundamental a que está subordinado o movimento do conceito formula-se, na lógica, como a lei da proporcionalidade inversa entre volume e conteúdo do conceito. Quanto maior o volume de um conceito, isto é, quanto mais geral ele é e mais vasto o âmbito de objetos a que se refere, tanto mais pobre se torna seu conteúdo, ou seja, a quantidade de traços que pensamos estar contida no conceito. O caminho da generalização é, portanto, aquele que conduz da riqueza da realidade concreta ao mundo dos conceitos, ao reino das abstrações esquálidas, alienadas da vida real e do conhecimento vivo.

Ao contrário, para a lógica dialética, o conceito é mais rico de conteúdo do que a representação, posto que a generalização não é a separação formal de traços singulares, mas o desvendamento dos vínculos e relações de um objeto com outros. Se o objeto não se mostra, verdadeiramente, na vivência direta, mas em toda a diversidade de nexos e relações que determinam seu lugar no mundo e sua conexão com a realidade restante, o conceito é mais profundo, mais adequado à realidade; é o reflexo mais autêntico e pleno da realidade do que a representação.

Mas o conceito – e isso é o mais importante de tudo o que se disse até o momento –, como todos os processos psicológicos superiores, não se desenvolve de outro modo que não no processo de atividade coletiva da criança. Apenas a colaboração propicia a formação da lógica infantil, apenas a socialização do pensamento infantil – segundo a formulação de Piaget – conduz à formação de conceitos.

Eis porque a pedagogia dos cegos deve levar em conta o problema aqui apresentado, o da colaboração com os videntes como o problema pedagógico e metodológico fundamental do ensino para cegos. O pensamento coletivo é a fonte principal de compensação das consequências da cegueira. Desenvolvendo o pensamento coletivo, eliminamos a consequência secundária da cegueira, rompemos, no ponto mais fraco, toda a cadeia criada em torno do defeito e *eliminamos a própria causa do desenvolvimento incompleto das funções psíquicas superiores na criança cega*, desdobrando diante dela possibilidades enormes e ilimitadas.

4

O papel do coletivo como fator de desenvolvimento da criança anormal não se apresenta em primeiro plano com tanta clareza como na esfera do desenvolvimento das crianças surdas-mudas. Aqui, fica completamente evidente que a gravidade do defeito e as limitações criadas por ele não estão contidas na própria insuficiência, mas nas consequências, nas complicações secundárias que ela provoca. Por si só, a surdez poderia, inclusive, não ser um obstáculo tão grave para o curso do desenvolvimento intelectual da criança surda-muda, mas a mudez que provoca, a ausência da fala, constitui o maior impedimento nesse caminho. Por isso, os problemas particulares do desenvolvimento da criança surda-muda convergem para o problema da fala como foco.

Esse é, na verdade, o problema dos problemas de toda a pedagogia dos surdos.

Então, após o que foi dito a respeito do desenvolvimento das formas superiores de pensamento e da lógica da criança em relação à socialização dessas funções, fica completamente claro que a ausência da fala na criança surda-muda, ao dificultar a relação de convivência plena no interior do coletivo, isolando-a deste, é um dos freios fundamentais no desenvolvimento das funções psicológicas superiores. O estudo experimental demonstra, passo a passo, que o que se tira da criança surda-muda, na relação de convivência, falta-lhe no pensamento. Em torno dessa questão, criou-se um círculo vicioso para o qual a pedagogia prática, até o momento, não encontrou saída.

Por um lado, a luta contra a fala artificial e verbalista, assim como a educação para uma fala viva e eficaz, que dê possibilidade de convivência social e não apenas uma pronúncia clara dos sons, demandam a revisão do lugar que ocupa a fala na educação tradicional da criança surda-muda. Se, na educação tradicional, a fala devora, como um parasita, todos os aspectos restantes da educação e se converte em um fim em si mesma, então, precisamente por isso, ela perde sua vivacidade: a criança surda-muda aprende a pronunciar palavras, mas não aprende a falar, a empregar a fala como meio de convivência e de pensamento. Por isso, paralelamente à fala artificialmente inculcada, ela se vale com mais vontade da mímica que lhe é própria e que cumpre, para ela, as funções vitais da fala. Apesar das boas intenções dos pedagogos, a luta da fala oral contra a mímica, como regra geral, sempre termina com a vitória da última, não porque, do ponto de vista psicológico, ela seja a verdadeira língua do surdo-mudo nem porque seja mais fácil – como dizem muitos pedagogos –, mas porque constitui uma autêntica fala em toda a riqueza de seu significado funcional, enquanto a pronúncia oral das palavras, inculcada artificialmente, carece da riqueza viva e é apenas uma cópia morta da fala viva.

Portanto, apresentou-se à pedagogia a tarefa de devolver à fala oral sua vivacidade, de torná-la necessária, compreensível e natural para a criança e de reconstruir o sistema de sua educação. Colocou-se em primeiro plano o princípio de que a criança surda-muda é, antes de tudo, uma criança e, depois, um surdo-mudo. Isso significa que, em primeiro lugar, ela deve crescer, desenvolver-se e educar-se seguindo os interesses, inclinações e leis comuns da infância e, no curso do desenvolvimento, assimilar a fala. No centro da educação da criança surda-muda estavam os problemas gerais da educação – os problemas da educação político-social – porque parecia completamente correto que, ao educarmos o sentimento de coletividade, o comportamento social das crianças surdas-mudas, sua cooperação, estávamos criando o único terreno real sobre o qual poderia ser enraizada a fala. De fato, por esse caminho, a pedagogia conseguiu resultados assombrosos que, sem exagero, modificaram de modo radical a fisionomia da nossa escola.

Mas logo se descobriu que esse é apenas um aspecto da questão. O outro aspecto consiste no fato de que, exatamente, a educação política e social das crianças surdas-mudas se deparou com o enorme obstáculo que o desenvolvimento insuficiente da fala dessas crianças representa. Se, no início, parecia que a condição para o desenvolvimento natural da fala viva era a educação social, posteriormente, verificou-se que a própria educação política e social requer, inescapavelmente, o desenvolvimento da fala como uma das condições psicológicas fundamentais.

Como consequência, retornou-se à mímica como a única língua mediante a qual a criança surda-muda pode assimilar uma série de teses, ideias e informações sem as quais o conteúdo de sua educação política e social seria algo absolutamente morto e sem vida. Assim, devido ao fato de que nossa escola empreendeu a revisão radical do problema concernente à relação entre a educação da fala e a educação geral da criança surda-muda, resolvendo esse problema de modo diametralmente oposto ao que a educação tradicional empregava para resolvê-lo, o problema da fala se apresentou a nós com tal seriedade que não se verifica em nenhum país europeu ou americano.

Tudo depende de quais são as exigências que se apresentam à educação da criança surda-muda e que objetivos devem ser propostos para essa educação. Se for exigido um domínio externo da fala e uma capacidade de adaptação elementar a uma vida independente, o problema da educação da fala é resolvido com relativa facilidade e êxito. Se, de outro modo, tratar-se de ampliar incomensuravelmente essas exigências, assim como são ampliadas em nós, se o objetivo, plenamente válido, for proporcionar a máxima aproximação da criança surda-muda à criança normal, à exceção da audição, se a escola de surdos-mudos se orientar ao máximo para se aproximar da escola comum, então, surge uma divergência pungente entre o desenvolvimento da fala e o desenvolvimento geral da criança surda-muda.

Esse círculo vicioso se fecha definitivamente quando entra em ação o terceiro e último momento: a exclusão da criança surda-muda do coletivo, sua reclusão completa no ambiente de outros surdos-mudos e a pungente alteração de sua convivência e colaboração com os ouvintes. Todo o círculo é composto, por conseguinte, de três momentos interligados. A educação social se apoia no desenvolvimento incompleto da fala que conduz à exclusão do coletivo e esta, simultaneamente, freia tanto a educação social como o desenvolvimento da fala.

Não é possível, no momento, indicar uma solução radical para esse problema. Mais ainda, acreditamos que a moderna pedagogia de surdos e o estado atual da ciência da educação da fala da criança surda-muda, tanto na teoria quanto na prática, lamentavelmente, não permitem ainda cortar esse nó de um só golpe. O caminho para superar as dificuldades é muito mais tortuoso e indireto do que gostaríamos que fosse. Em nossa opinião, ele é sugerido pelo desenvolvimento da criança surda-muda e, em parte, da criança normal, consistindo na poliglossia, isto é, numa pluralidade de vias de desenvolvimento da fala das crianças surdas-mudas.

Ligada a isso, surge a necessidade de reavaliar a relação teórica e prática tradicional com os distintos tipos de fala do surdo-mudo e, em primeiro lugar, com a mímica e a fala escrita.

Pesquisas psicológicas, tanto experimentais quanto clínicas, estão de acordo ao mostrarem que a poliglossia, isto é, o domínio de distintas formas de fala, constitui, no estado atual da pedagogia dos surdos, o meio inescapável e mais fecundo para o desenvolvimento da fala e para a educação da criança surda-muda. A esse respeito devem ser feitas mudanças radicais na visão tradicional relativa à concorrência e ao retardamento mútuo de diferentes formas de fala no desenvolvimento do surdo-mudo, devendo-se apresentar, teórica e praticamente, a questão da cooperação entre essas formas de fala e de sua conjugação estrutural nos diversos níveis de ensino.

Essa última questão, por sua vez, requer uma abordagem complexa e diferenciada do desenvolvimento da fala e da educação da criança surda-muda. A experiência de pedagogos europeus e americanos de vanguarda, em particular, a destes últimos e a dos escandinavos, confirma que é possível realizar tanto uma combinação de diferentes formas de fala quanto uma abordagem diferenciada de educação da fala da criança surda-muda. Tudo isso traz uma série de problemas teóricos e práticos para a pedagogia dos surdos em seu conjunto que podem ser resolvidos não no plano metódico, mas no da metodologia da educação da fala, exigindo como condição necessária a elaboração da psicologia da criança surda-muda.

Somente o estudo profundo das leis do desenvolvimento da fala e a reforma radical do método de educação da fala podem levar a nossa escola a uma superação real e não fictícia da mudez da criança surda. Isso significa que, na prática, devemos utilizar todas as possibilidades de atividade de fala da criança surda-muda sem tratar a mímica com desdém, sem menosprezá-la nem tratá-la como um inimigo, compreendendo que as diferentes formas de fala podem servir não para competirem entre si ou para refrearem mutuamente seu desenvolvimento, mas como degraus pelos quais a criança surda-muda atinge o domínio da fala.

De todo modo, a pedagogia não pode fechar os olhos para o fato de que a exclusão da mímica dos limites da relação de convivência por meio da fala, permitida às crianças surdas-mudas, elimina de seu círculo uma parte enorme da vida coletiva e da atividade dessas crianças, reforça, aumenta e amplia o freio fundamental de seu desenvolvimento, isto é, as dificuldades na formação de sua atividade coletiva. Por isso, o estudo do coletivo de crianças surdas-mudas, as possibilidades da colaboração coletiva com crianças ouvintes e a utilização máxima de todos os tipos de fala acessíveis à criança surda-muda são uma condição necessária para o melhoramento profundo de sua educação.

A pedagogia tradicional de surdos se apoiava na leitura individual dos lábios (diante de um espelho) de cada criança, separadamente. Mas a conversa com o espelho é uma conversa ruim e, por isso, no lugar de fala, obtinha-se uma cópia mecânica inerte dela. Desgarrada da atividade coletiva das crianças, a fala é morta. Nos primeiros tempos, nossa pedagogia mudou o centro de gravidade para a educação social coletiva da criança surda-muda, mas separou essa educação coletiva da colaboração da educação da fala e, por isso, logo apareceu a divergência entre as demandas da educação social e as possibilidades de fala da criança surda-muda. Apenas o nexo entre uma coisa e outra, apenas o coletivo como fator fundamental do desenvolvimento da fala, apenas a *fala no coletivo* podem servir como saída efetiva desse círculo vicioso.

***

Terminamos, referindo-nos às crianças surdas-mudas e à exposição dos momentos fundamentais que constituem o tema deste capítulo.

Como conclusão, desejamos assinalar que nosso objetivo não é, de modo algum, dar uma solução, de certa maneira, exaustiva e definitiva para o problema apresentado. É bem mais uma simples introdução a um vasto campo de investigação e nada mais que isso. Poder compreender de um modo novo e coerente com a verdadeira natureza dos fenômenos o nexo entre a colaboração coletiva e o desenvolvimento das funções psicológicas superiores, entre o desenvolvimento do coletivo e da personalidade da criança anormal constitui, no momento, para toda a nossa pedagogia da criança anormal, o ponto de apoio principal e básico.[14]

---

[14] No Tomo 5 das *Obras reunidas*, de 1983, o capítulo termina com a seguinte frase: "A pedagogia comunista é a pedagogia da coletividade". (N.T.)

REFERÊNCIAS BIBLIOGRÁFICAS

ADLER, A. *Praxis und Theorie der Individualpsj'chologie.* München, 1927.
ADLER, A. *Uber den nervosen Chaiakter.* München, 1928.
BINET, A. *Psychologie des grands Calculateurs et jouers doechecs.* Paris, 1894.
BLONSKI, P. P. *Pedologuia* [*Pedologia*]. M., 1925.
BÜRKLEN, K. *Blindenpsychologie.* Leipzig, 1924; *Der Blindenfreund.* 1926, n. 3.
ELIASBERG, W. *Psychologie und Pathologie der Absfraktion.* 1925.
FREUD, S. *Carater i analnaia erótica* [*Charakter und analerotik*]. Psirroloquitcheskai i psirroanalititcheskaia biblioteca, 1923.
FRANK, Semion Liudvigovitch. *Filossofia i jizn. Etiudi po filossofii kulturi* [*Filosofia e vida. Estudos sobre a filosofia da cultura*], 1910
FROLOV, Iu. P. *Fiziologuitcheskaia priroda instinkta* [*A natureza fisiológica do instinto*]. L. 1925.
GRABOROV, A. N. *Vspomogatelnaia chkola* [*A escola auxiliar*]. L., 1925.
GRIBOIEDOV, A. S. "Pedologuitcheskaia rabota i vspomogatelnaia chkola" [O trabalho pedológico e a escola auxiliar]. *In: Novaia chkola* [*A escola nova*]. L., 1926, ed. 2.
GRIBOIEDOV, A. S. "Sovremennie problemi vspomogatelnogo obutchenia" [Problemas contemporâneos do ensino auxiliar]. *In: Voprosi izutchenia i vospitania litchnosti:* (pedologuia i defectologuia) [*Questões de estudo e educação da personalidade* (pedologia e defectologia)]. Org. V. M. Berrterev. L, 1927, n. 1-2.
GROSS, K. *Duchevnaia jizn rebionka* [*A vida espiritual da criança*]. Kiev, 1916.

GUREVITCH, M. O. (org.). "O formar dvigatelnoi nedostatotchnosti" [Sobre as formas da insuficiência motora]. *In: Voprosi pedologuii i detskoi psirronevrologuii* [*Questões da pedologia e da psiconeurologia infantil*]. M., 1925, ed. 2.

GÜRTLER, R. "Das primitive Bewusstsein. Bericht uber den dritten. Kongtess fiir Heilpadagogik. *In: München* 2-4 August 1926. Berlin, 1927.

KANITZ, O. F. *Volkstumliche individualpsychologische Literatur*. Die Sozialistische Erziehung. Wien, 1926, H. 7/8.

KELLER, H. *Optimizm* [*Otimismo*]. SPb, 1910.

KELLER, H. *Die Geschichte meines Lebens*. Stuttgart, 1920.

KERSCHENSTEINER, G. *Das Grundaxiom des Bildungsprozesses*. 1924.

KRETSCHMER, E. *Stroienie tela i carakter* [*A estrutura do corpo e o caráter*]. M. L., 1930.

KRÜENEGEL, M. *Grundfragen der Heilpadagogik zu ihren Grundlegung und Zielstellung*. Ztschr. f. Kinderforschung, B. XXXII, 1926.

KRÜENEGEL, M. *Die motorische Befahigung Schwachsinniger Kinder im Lichte des Experiments*. Ztschr. f. Kinderforschung, B. 33, 1927, H. 2.

LINDWORSKI, L. *Der Wffle*. 1923.

LIPMANN, O. Über *Berriff u. Formen der Intelligenz*, 1924.

LIPMANN, O.; BOGEN, H. *Naive Physik*. 1923.

LIPPS, T. *Rukovodstvo k psirrologuii* [*Manual de psicologia*]. SPb., 1907.

MARX, K.; ENGELS. F. Col., v. 25, p. II, p. 384.

NÖLL, H. *Die Bedeutung der Vollendungstendenz im Arbeitsunterricht der Hilfsschule*. Ztschr. fiir. d. Behandlung Schwachsinniger, 1927, 7-10.

PAVLOV, I. P. "Dvatsatiletni opit obiektivnogo izutchenia vischei nervnoi deiatelnosti (povedenia) jivotnir" [A experiência de vinte anos de estudos da atividade (comportamento) nervosa superior de animais]. *Obra completa*. M.; L., 1951, т. 3.

PETROVA, A. E. "Deti primitivi" [Crianças primitivas]. *In:* GUREVITCH, M. O. (Org.). *Voprosi pedologuii i detskoi psirronevrologuii* [*Questões de pedologia e psiconeurologia infantil*]. M., 1925, 2. ed.

PETZELT, A. *Konzentration bei Blinden*. Eine psychologisch-padagogische Studie. Leipzig, 1925.

PROTOPOPOV, V. P. "Refleksologuia i pedagoguika" [Reflexologia e pedagogia]. *In: Ukrainski vestnik refleksologuii i eksperimentalnoi pedagoguiki* [*Mensageiro ucraniano de reflexologia e pedagogia experimental*]. Rarkov, 1925, Livro 2.

RIBOT, T. *Psirrologuia vnimania* [*Psicologia da atenção*]. P., 1892.

RIMAT, F. *Intelligenzuntersuchungen anschliessend an die Ach'sche Suchmethode, Unters.* zur Phil., Psych, u. P3d B-5, 1925, H. 3/4.
RÜHLE, O. *Psirrika proletarskogo rebionka* [*A psique da criança proletária*]. L., 1926.
SCHERBINA, A. M. "*Slepoi-muzikant*" *V. G. Korolenko kak popitka zriatchir proniknut v psirrologuiu slepir v svete moir sobstvennir nabliudeni* [*O "músico cego" V. G. Korolenko como tentativa de videntes adentrar na psicologia dos cegos à luz de minhas próprias observações*]. M., 1916.
SOKOLIANSKI, I. A. "Pro tak zvana tchitania s gub glurronemimi" [Sobre a leitura labial dos surdos-mudos]. In: *Ukrainski vestnik refleksologuii e eksperimentalnoi pedagogiki* [*Mensageiro ucraniano de reflexologia e pedagogia experimental*]. Rarkov, 1926, n. 2.
SPILREIN, I. N. *Profissionalni otbor* [*Seleção profissional*]. M., 1924.
STERN, W. *Die menschliche Personlichkeit.* 1923.
STERN, W. *Die differenzielle Psychologie in ihren methodischen Grundlagen.* Leipzig,1921.
TROCHIN, G. Ia. *Sravnitelnaia psirrologuia normalnir e nenormalnir detei* [*Psicologia comparada de crianças normais e anormais*]. P., 1915, т. I.
VIGOTSKI, L.S. "Soznanie kak problema psirrologuii povedenie" [Consciência como problema da psicologia do comportamento]. M., *Obras reunidas*, t. 1, 1982.
ZALKIND, A. B. *Voprosi sovetskoi pedagoguiki* [*Questões da pedagogia soviética*]. L., 1926.

Este livro foi composto com tipografia Adobe Garamond Pro e Aristamp, e impresso em papel Boivory 65g (miolo) e papel Cartão Triplex 250g (capa) na gráfica Paym, para a editora Expressão Popular, em julho de 2021.